Eugen T. Bühlmann | Paul N. Burch | Roman Rauper

Erfolg mit der F.E.E.®-Methode

Erfolg mit der F.E.E.®-Methode

Eugen T. Bühlmann | Paul N. Burch | Roman Rauper

Impressum

Bibliografische Information der Deutschen Nationalbibliothek:
Die Deutsche Nationalbibliothek verzeichnet diese
Publikation in der Deutschen Nationalbibliografie;
detaillierte bibliografische Daten sind im Internet
über http://dnb.dnb.de abrufbar.

Die automatisierte Analyse des Werkes, um daraus
Informationen insbesondere über Muster, Trends und
Korrelationen gemäß §44b UrhG („Text und Data Mining")
zu gewinnen, ist untersagt.

© 2024 Eugen T. Bühlmann | Paul N. Burch | Roman Rauper
weitere Mitwirkende: FEE-Consult AG | Sarah Burch

Herstellung und Verlag:
BoD · Books on Demand GmbH, In de Tarpen 42, 22848 Norderstedt;
Druck:
Libri Plureos GmbH, Friedensallee 273, 22763 Hamburg

ISBN: 978-3-7583-5521-9

Dieses Buch widmen wir...

... unseren Familien,

welche stets zu uns stehen und uns unterstützen, auch wenn sie oft auf uns verzichten mussten.

Nach dem Motto «Wir stärken Stärken» vermitteln wir die F.E.E.®-Methode in verschiedensten Branchen und einzigartigen Organisationen. Dies erfordert Flexibilität, hohe Konzentration und Fokus. Ohne Rückhalt und positive Energie aus unseren Familien wäre dies nicht möglich.

... unseren Kunden,

von welchen uns einige seit Jahrzehnten begleiten, immer wieder mit interessanten Aufgabenstellungen aufwarten und uns somit stets helfen an uns selbst und an der perfekten Umsetzung der F.E.E.®-Methode zu arbeiten.

... allen Lesern,

denn ein Buch zu schreiben, das nicht gelesen wird, ist so überflüssig, wie nach einem Regenwetter Wasser in den Rhein zu tragen.

DANKE!

DIE

F.E.E.®-METHODE

PROZESSE WERDEN MIT DER
F.E.E.®-METHODE VEREINFACHT

ERFOLG MIT METHODE

PLANUNG

01   Anforderungen festlegen

02   Prozessmessgrössen festlegen

03   Ausführungen regeln

AUSFÜHRUNG

04   Prozessdaten erfassen

05   IST / SOLL vergleichen

06   Verbesserungen aufzeichnen

VERBESSERUNG & ANALYSE

07   Verbesserungen umsetzen

08   Auswerten, Analysieren

Inhaltsverzeichnis

1. EINFÜHRUNG

Während den letzten 30 Jahren wurden viele verschiedene Managementsysteme aufgebaut und in der Praxis umgesetzt. Die Ziele der Managementsysteme waren einerseits die Erkennung der Prozesse innerhalb einer Organisation, wie auch die Verbesserung der Abläufe und anderseits die firmenexterne Anerkennung durch die Erfüllung von Kundenanforderungen, gesetzliche Regelwerke (z.B. Suva-Richtlinien) und Normen (z.B. ISO-Normen).

1.1 GUTES PROZESSMANAGEMENT BRAUCHT KEINE FLOWCHARTS

In vielen Fällen werden Abläufe in Flowcharts dargestellt. Diese Technik hat zum Ziel kurzfristig die Effizienz der zu leistenden Arbeiten zu steigern. Oft werden aber Prozesse in Flowcharts zu detaillierten und schwer verständlich dargestellt, so dass sie für die Mitarbeitenden im täglichen Gebrauch zu wenig hilfreich sind.

Zudem – und dies ist uns ein großes Anliegen – beantwortet die Flowchart-Technik meist nicht die wesentlichen drei Fragen an einen Prozess:
1. Welche Anforderungen werden an den Prozess gestellt
2. Was will ich mit diesem Prozess bewirken
3. Was will ich damit erreichen.

In einer Metapher gesprochen: Ein Flowchart hilft die Herstellung von Kuchen zu beschreiben, stellt aber die Tätigkeit als solche nicht in Frage und zeigt nicht auf was wirklich wesentlich ist und welche Anforderungen der Kunde an den Kuchen und somit an die Herkunft der Zutaten, den Prozess und das Ergebnis stellt.

7

1.2 DIE FIRMA ALS KOMPLEXES SOZIO-ÖKONOMISCHE KONSTRUKT

In größeren Organisationen arbeiten verschiedene Personen mit verschiedenen Fach-, Sozial- und Führungskompetenzen. Jedes Individuum hat dabei eigene Bedürfnisse, Wünsche und Ziele.

Berufsleute aus verschieden Fachrichtungen und sozialen Kompetenzen (von der Ingenieurin zum Sachbearbeiter, von der Finanzfachfrau zum Personalfachmann, etc.) haben ihre eigenen Vorstellungen an einen Prozess oder eine Tätigkeit. Diese Ideen zusammenzubringen und gegenseitiges Verständnis zu erreichen und zu pflegen ist eine wesentliche Aufgabe eines Führungssystems. Es ist daher wichtig, dass man beim Erstellen und Pflegen eines Managementsystems eine gemeinsame Sprache findet.

Hinweis: Die heutige Rechtsprechung fordert eine klare Zuteilung der Kompetenzen und Pflichten für alle Mitarbeitenden in einer Organisation. Die Rechtssicherheit ist somit für jede Führungsstufe sehr wichtig. Ein gutes Managementsystem muss diesem Fakt Rechnung tragen.

1.3 KONTINUIERLICHE VERBESSERUNG IM FOKUS

Die stete Verbesserung, Weiterentwicklung und Innovation sind eine der edelsten Aufgaben einer stets wachsenden und erfolgreichen Organisation. Langer Stillstand ist meist schon ein Rückschritt, da das Umfeld sich wandelt und die Konkurrenz nicht schläft. Aus diesem Grund ist in einem Managementsystem der Kontinuierliche Verbesserungs-Prozess (KVP) ein wesentlicher Prozess. Dieser Prozess ist jedoch in den häufigsten Führungsprozessen ein «ausgelagerter» Prozess und nicht jedem einzelnen Prozess zugeordnet. Dem allgemeinen Verständnis, dass ein Prozesseigner und sein Team den Prozess beherrschen sollen, diesen pflegt, entwickelt und verbessert, wird somit oft zu wenig Rechnung getragen. Der KVP muss jedoch ein integraler Teil eines jeden Prozesses sein.

8

Vor hundert Jahren war es für eine Organisation oft nicht möglich die eingekauften Produkte auf dem Weltmarkt zu prüfen, um sicher zu stellen, dass die Ware vor dem Versand der geforderten Qualität entsprach. Da es einem Einkäufer in der Schweiz damals erschwert war nach Übersee zu reisen und zu prüfen, ob die Qualität den Preis rechtfertigte, wurden Prüf-Experten am Herstellungsort beauftragt die Ware zu prüfen und diese für den Übersee-Transport freizugeben. Aus dieser Erfahrung heraus wurden später Normen erstellt. Der Exporteur verpflichtete sich diese Normen anzuerkennen und in seiner Organisation durchzusetzen. Die Prüfexperten beschränkten sich anschließend nur noch auf die Prüfung der Umsetzung dieser Vereinbarungen.

Diese Denkweise wurde für die Organisationen übernommen. Es entstanden verschiedenste Normen und Regelungen. Damit konnte man sicherstellen, dass sich Lieferanten an grundlegende Vereinbarungen halten.

Heute ist es für einen Einkäufer wichtig, dass ein Lieferant, respektive Dienstleister wesentliche wirtschaftliche, umweltfreundliche, soziale und sicherheitstechnische Werte befolgt. Damit schützt der Einkäufer das Unternehmen vor allfälligen unliebsamen Konsequenzen.

Viele der heutigen Normen sind im Wesentlichen sehr ähnlich aufgebaut: Es müssen Anforderungen erfüllt werden. Diese Forderungen müssen nicht nur von der Geschäftsleitung, sondern auch in den einzelnen Prozessen von verschiedenen Mitarbeitenden erfüllt werden.

Wer somit mit anderen Firmen Produkte oder Dienstleistungen austauscht, tut gut daran, ein gelebtes Managementsystem zu haben, welches die Anforderungen an jeden Prozess in den Vordergrund stellt.

2. ANFORDERUNGEN AN EIN MANAGEMENTSYSTEM

Ein modernes, einfaches und integriertes Führungssystem muss verschiedene Anforderungen erfüllen. Basierend auf vielen Kundengesprächen und langjähriger Erfahrung im Qualitätsmanagement, entstanden untenstehend die wichtigsten Anforderungen, welche ein erfolgreiches Managementsystem erfüllen sollte:

- Wirtschaftlichen Erfolg und Weiterbestehen sicherstellen
- Konkurrenzfähigkeit verbessern, Rechtssicherheit gewährleisten
- Motivation und Einbindung der Mitarbeitenden ausbauen
- Effektivität und Effizienz in allen Tätigkeiten erhöhen
- Knowhow auf allen Stufen der Organisation sichern
- Umsetzung von Leitbild und Strategie unterstützen
- Dokumentation und Kommunikation verbessern
- Sichere, einfache Systempflege garantieren
- Rückverfolgbarkeit sicherstellen
- Normen erfüllen

Jedes Managementsystem kann entsprechend obigen Anforderungen überprüft und bewertet werden. Diese Bewertung – auf Systemebene oder runtergebrochen für jeden Prozess – hilft Schwachstellen zu identifizieren und entsprechend Verbesserungen einzuleiten (siehe KVP).

In unseren Beratungen bei Organisationen mit bestehendem Managementsystem, starten wir deshalb oft mit einer kurzen Umfrage oder einem kleinen Online-Survey, inklusive anonymer Auswertung. Das hilft, um die derzeitige Situation in einem Betrieb zu erfassen und zudem auch die Verbesserung in den kommenden Monaten und Jahren zu messen.

Es ist dabei wichtig, dass die verschiedene Ansprechgruppen (auf Neudeutsch: Stakeholder) an der Umfrage teilnehmen. Denn ein Geschäftsleitungsmitglied bewertet das bestehende Managementsystem oft komplett anders als ein Anwender in der Administration oder in der Produktion, um nur drei Beispiele zu nennen.

11

Steigerung der Effektivität und Effizienz

Für alle Stufen und Bereiche

Sichere Systempflege

Selbstkontrollierend

Transparente Prozesse und Verantwortungen

Übersichtliche & einfache Dokumentation

F.E.E.® - METHODE

Umsetzung Leitbild & Strategie

Verbesserung der Konkurrenzfähigkeit

Kontinuierliche Verbesserung

Zertifizierbar (alle Normen & Richtlinien)

12

3. DER VERSTÄNDLICHE QUALITÄTSBEGRIFF

In allen Branchen und Organisationen, sowie für jede Person, bestehen Vorstellungen von guter Qualität. Ein einheitlicher Begriff ist oft nicht bekannt. Es gibt Menschen, die glauben nur das Beste und Schönste sei Qualität. Andere denken es reiche aus, wenn der Kunde nicht reklamiert. Kurz: Je mehr Personen den Begriff Qualität definieren, umso mehr Antworten wird man normalerweise erhalten.

Es ist deshalb von hoher Wichtigkeit, dass in jedem Team alle (ob Handwerker, Ingenieur, Rechtsanwalt, Sozialarbeiter, etc.) das gleiche unter Qualität verstehen. Diesen Begriff gilt es im Managementsystem zu verankern, so dass alle involvierten Personen auch vom Gleichen sprechen.

3.1 DEFINITION VON QUALITÄT ANHAND ZWEIER BEISPIELE

Lassen sie uns an zwei Beispielen die Frage nach der Qualität veranschaulichen:

a) Uhrenbeispiel: Welche Uhr hat für Sie die bessere Qualität? Eine Rolex oder ein Swatch?

b) Welches Restaurant ist qualitativ hochstehender? Ein Gourmet Restaurant oder McDonalds?

Nun, für Sie mag die Antwort auf der Zunge liegen und doch wird es Personen mit anderer Auffassung geben. Für uns ist es deshalb nicht möglich auf diese beiden Fragen ohne weiteren Kontext eine eindeutige Antwort zu geben.

In Beispiel a) sucht der Rolex-Käufer eine dauerhafte, stabile, kostbare Uhr, die den Wert hält oder gar steigert und für Prestige steht. Der Rolex-Käufer nimmt dabei in Kauf, dass sein mechanisches Uhrwerk im Monat um einige Minute abweicht. Der Swatch-Käufer wiederum sucht eine einfache, günstige Uhr, die modern ist und bei sportlichen Tätigkeiten und Outdoor-Aktivitäten getragen werden kann. Dass die Quarzuhr maximal zwei Sekunden im Jahr abweicht, hilft dem Käufer stets pünktlich zu sein.

In Beispiel b) sucht der Gast im Gourmet-Restaurant, eine romantische, ruhige Atmosphäre und gediegenes Essen mit Wein und bester Bedienung, während der McDonalds-Besucher eine rasche Bedienung und günstiges und einfaches Essen verlangt. Einfache Bestuhlung, Selbstbedienung werden im McDonalds akzeptiert. Kinderlärm ist zum Teil gar erwünscht, speziell dann, wenn es die eigenen Kinder sind, die sich am Spielzeug des Kindermenus «Happy Meal» oder auf dem Spielplatz erfreuen.

3.2 ANFORDERUNGEN DEFINIEREN QUALITÄT

Die beiden Beispiele auf der vorherigen Seite zeigen, dass der Kunde dann und nur dann zufrieden ist, wenn seine Bedürfnisse, Wünsche und Anforderungen an das Produkt oder die Dienstleistung erfüllt werden. Der Kunde definiert also in den beiden Beispielen die Qualität und nicht der Lieferant oder Hersteller der Ware, respektive der Dienstleister.

Aus dieser Erkenntnis heraus definieren wir die Qualität wie folgt:

> **Qualität ist Erfüllung von Anforderungen!**

Wir verstehen dabei unter Anforderungen alle internen und externen Anforderungen, Wünsche und Bedürfnisse, welche an einen Prozess gestellt werden.

Mit dieser einfachen Definition erzielt man eine klare und für jede Person verständliche Aussage. Jede Person der Organisation (ob Handwerker, Sozialarbeiter, Jurist, Geschäftsführer etc.) versteht nun das Gleiche unter Qualität. Es wird somit jedem klar, dass Qualität von außen und nicht von innen bestimmt wird. Der Kunde als Abnehmer des Produktes oder Dienstleistung, das vom Verwaltungsrat vorgegebene Leitbild, eine Norm, gesetzliche Vorschrift oder Regelung, bestimmen die Qualität.

In einer Organisation mit einer Prozessfolge ist die Person des Folgeprozesses der interne Kunde. Somit hat eine Organisation viele interne Kunden, die Anforderungen an den Vorprozess haben.

Aus dieser Erkenntnis folgt, ein ebenso wichtiger Umkehrschluss:

**Wer Qualität liefern will,
muss die Anforderungen kennen!**

15

4. DAS F.E.E.®-FRAKTAL – PROZESS-BAUSTEIN AUS DER NATUR

4.1 DAS NATÜRLICHE DENKEN UND HANDELN DES MENSCHEN

Täglich sind wir Menschen mit Prozessen konfrontiert. Beim Arbeiten, in einer Beziehung, zu Hause, im Ausgang, etc. Interessant in diesem Zusammenhang zu wissen ist, dass die meisten Menschen bei ihren täglichen Aufgaben (= Prozessen), ähnlich und daher natürlich vorgehen. Mit anderen Worten überlegen wir uns oft gar nicht mehr die Reihenfolge von einzelnen Sequenzen. Wir ziehen uns z.B. erst nach dem Duschen an und nicht davor.

Fakt ist auch, dass wir uns in allen unseren Lebensbereichen Qualität wünschen. Entsprechend der Definition im vorherigen Abschnitt möchten wir, dass unsere Wünsche, Bedürfnisse und Anforderungen stets erfüllt werden.

Das natürliche Prozess-Vorgehen beim Lösen einer Aufgabe zeigen wir am Beispiel der Ferienplanung.

Die Herausforderung ist es, die Wünsche aller Familienmitglieder zu erfüllen mit dem Ziel schöne, gemeinsame Ferien zu verbringen. Als erster Schritt der Planung, klärt der «Ferienorganisator» deshalb zuerst mit allen die verschiedenen Anforderungen:
- Wann und wie lange sollen die Ferien dauern?
- Wer kommt mit, resp. kann mitkommen?
- Was wird bevorzugt (ans Meer, in die Berge, Aktivferien oder geruhsamer Ort, etc.)?

Diese Anforderungen und weitere Wünsche werden zusammengetragen. Ein guter «Ferienorganisator» stellt zudem sicher, dass alle Angaben für alle klar verständlich sowie eindeutig sind und die Liste der Anforderungen vollständig ist.

Mit diesen zusammengestellten Bedürfnissen sucht man nun in Katalogen oder im Internet nach einem geeigneten Ort, der diese Anforderungen erfüllt. Hat man einen Ort gewählt, so prüft man anschließend nochmals, ob dieser die Anforderungen erfüllt. Sollte kein geeignetes Produkt vorhanden sein, so muss man eventuell die Anforderungen nochmals mit allen Beteiligten besprechen.

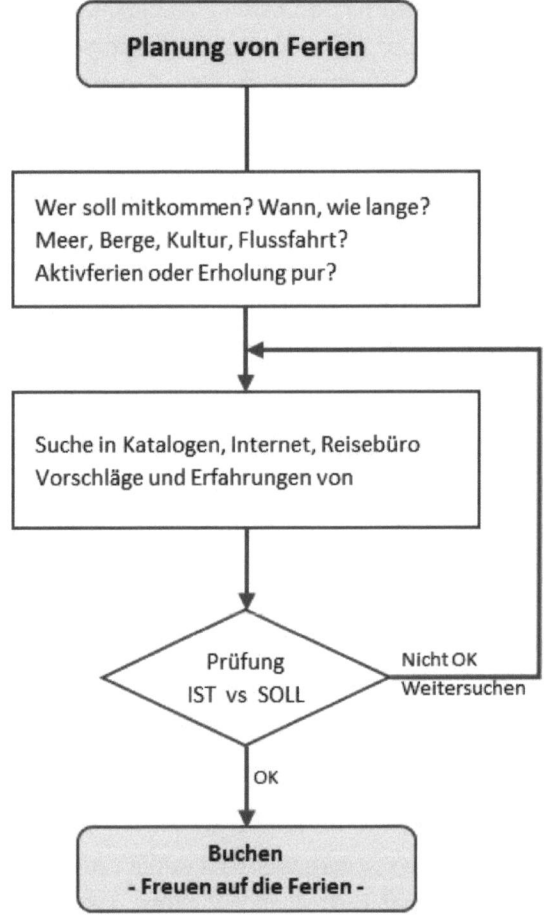

Dieses grundsätzliche und natürliche Denken des Menschen, ist Teil der F.E.E.®-Methode. Doch mehr dazu auf den folgenden Seiten.

18

Seit etwa 300 Millionen Jahren gibt es auf der Erde Bäume. Viele Arten haben eine lange Zeit überlebt und sich in die verschiedensten Formen weiterentwickelt. Auf den ersten Blick scheinen Bäume sehr kompliziert aufgebaut: Die Wurzeln, der Stamm, die Äste, Zweige und Blätter bilden ein kompliziertes Ganzes. Erstaunlicherweise ist der Aufbau eines Baumes jedoch recht einfach.

Trotzdem dauerte es bis 1975 als Benôit Mandelbrot, ein Mathematiker und Experte der Chaostheorie, den Baum gemäß der Chaostheorie betrachtete. Er erkannte, dass jeder Baum aus einer Unzahl von einfachen Bausteinen aufgebaut ist. Diesen Baustein nannte er **Fraktal**. Die Form ist ein **Y**.

Jeder Baum entsteht aus einer Vielzahl von Y. Das ganze Wurzelwerk sowie auch hinaus bis zu den Blättern und Früchten sind nur Y's.

Erstaunlich, so einfach ist die Natur! Die Fraktale sind alle ähnlich, sie unterscheiden sich nur in Ihrer Größe und Lage. Betrachten Sie Bäche, Flüsse und Ströme. Sie sind ebenfalls ein Gebilde aus einer Vielzahl von Y's.

Wenn Sie die Natur nun mit der fraktalen Sicht betrachten, werden Sie erstaunlicherweise feststellen, dass sehr vieles, was die Natur aufbaut, aus einem einzigen Baustein, einem Fraktal, aufgebaut ist. Der Baustein ist nicht immer ein Y wie bei Bäumen und Flüssen. Bei anderen Naturgebilden hat das Fraktal eine andere, zum Teil sehr einfache Form, welche sich in verschiedenen Größen vervielfältigt.

Apropos, um einem Kind einen fraktalen Baustein zu erklären, reicht oft schon der Griff in den Kühlschrank. Jeder Blumenkohl oder Romanesco besitzt einen lehrbuchmäßigen fraktalen Aufbau.

4.3 DER PROZESS ALS FRAKTAL EINER ORGANISATION

Die Natur baut somit sehr viele Gebilde mit einfachen und ähnlichen Bausteinen auf. Beim Baum und Flusslauf ist es ein einfaches Y. Doch auch der Mensch denkt und lebt in Fraktalen!

So befolgt er zum Beispiel bei der Lösung von Aufgaben einen natürlichen, wiederholenden Weg. Er setzt sich Ziele und wenn er hartnäckig bleibt, erreicht er diese durch stetes Probieren und Ändern der Ausführung.

Hier kommt unser Qualitätsbegriff wieder ins Spiel: **«Qualität ist die Erfüllung von Anforderungen»**. Der Mensch ist also erst dann ganzheitlich zufrieden, wenn er seine Ziele (= Anforderungen) erreicht.

Unser Qualitätsbegriff gilt bekanntlich auch für Organisationen. So besteht eine Organisation aus einer Vielfalt von Prozessen, welche (wie bei einem Baum) von außen betrachtet verschieden und recht komplex sind. Diese Komplexität wird sichtbar, wenn man versucht die verschiedenen Prozesse in Flussdiagrammen zu beschreiben und dabei auf Unterprozesse ausweicht, da der Hauptprozess zu komplex wird.

Kann man Prozesse gleich aufbauen und somit als Fraktal beschreiben?

20

Wie einfach könnte man eine Organisation beschreiben, wenn alle Prozesse ähnlich aufgebaut wären, wie die Natur es uns seit Jahrmillionen vorlebt?

Die beiden Herren Dr. Brunner von der Vigier Gruppe und Ulrich Britt als Qualitätsmanager einer Schweizer Firma, setzten sich im Jahre 1993 zusammen und entwickelten die heutige bekannte F.E.E.®-Methode. Beide Herren hatten in der Vergangenheit schlechte Erfahrungen mit den damaligen Managementsystemen gemacht. Sie beschrieben tonnenweise detaillierte Abläufe in ihren Firmen, füllten ganze Ordner von Detailbeschrieben, mit dem frustrierenden Resultat, dass die Qualität der Produkte und Dienstleistungen gemessen am betriebenen Aufwand in keiner Weise erhöht wurde. Qualität war zudem ein undefinierter Begriff. Alle Mitarbeitenden verstanden etwas anderes darunter.

Während ihrer Treffen stellten sich die beiden Herren die Fragen:
a) Wie definieren wir Qualität und bauen ihn in einen Prozess ein?
b) Wie formulieren wir einen Prozess, den alle Mitarbeitenden verstehen?
c) Wie bauen wir das natürliche Vorgehen des Menschen in einen Prozess ein?
d) Wie stellt man eine Organisation mit dem eventuell gefundenen Baustein, Fraktal, grafisch dar?
e) Kann der Verbesserungsprozess in jeden einzelnen Prozess eingebaut werden?

Als erster Schritt in ihren Überlegungen formulierten sie die Anforderungen an die Prozessbeschreibung, respektive an das Fraktal, wie sie nun den Baustein nannten.

Sie arbeiteten das Fraktal aus und beschrieben folgende Schritte:

Erster Schritt: Jeder Prozess hat einen Anfang und ein Ende, also einen Input und einen Output

Zweiter Schritt: An jeden Prozess müssen Anforderungen erfüllt werden, damit wird die Qualität des Prozesses sichergesellt.

Dritter Schritt: Anforderungen müssen nicht nur aufgestellt werden, sondern müssen geprüft werden, das heißt es müssen Prüfdaten (wo möglich Messdaten) oder Qualitätsdaten erstellt und durchgesetzt werden.

Vierter Schritt: Die Ausführung soll von qualifizierten Mitarbeitenden formuliert, gemacht, geprüft und kontrolliert werden.

Fünfter Schritt: Die Verantwortlichkeiten innerhalb eines Prozesses müssen eindeutig festgelegt werden.

Basierend auf diesen Schritten entstand das erste erfolgreiche F.E.E.®-Fraktal, welches sich seither in den verschiedensten Organisationen bewährt hat.

Das F.E.E.®-Fraktal haben wir seither weiterentwickelt und den neusten Anforderungen angepasst.

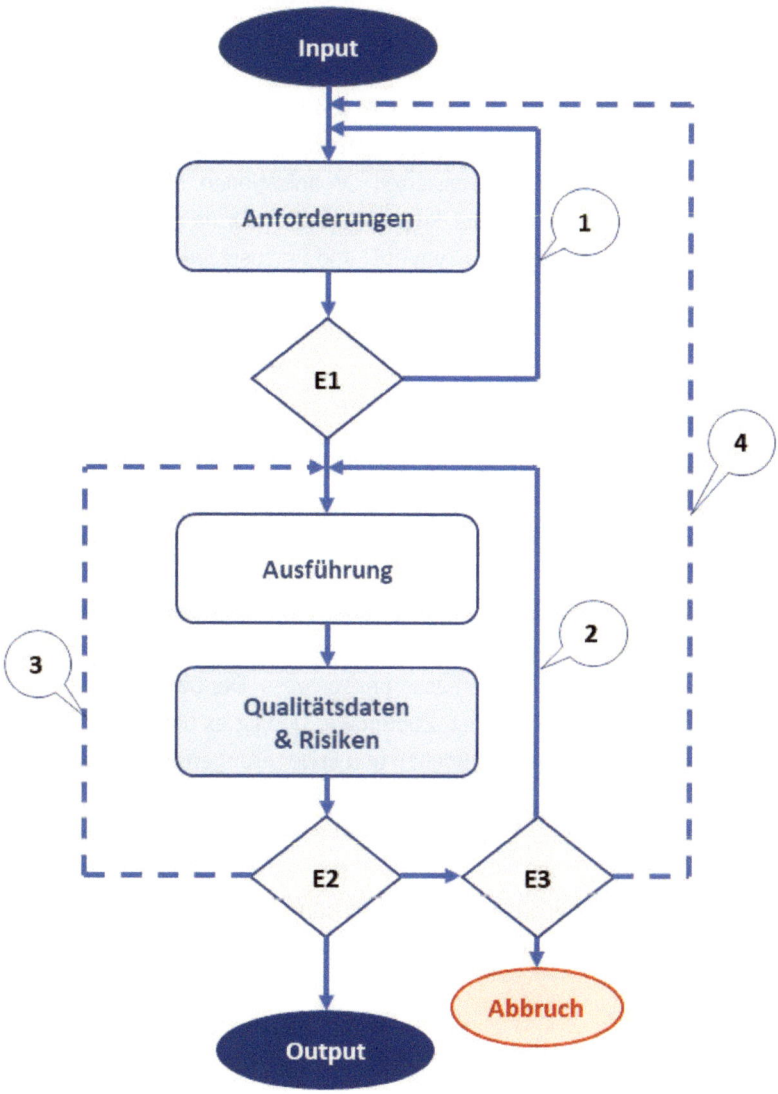

Natürlich wurden entsprechende Werkzeuge erschaffen und in der F.E.E.®-Methode zusammengefasst. Das F.E.E.®-Fraktal bildet das Herzstück der F.E.E.®-Methode. Um den fraktalen Ansatz jedoch als DNA in der Organisation zu etablieren, braucht es weitere Hilfsmittel. Die benutzerfreundliche Software-Lösung (winF.E.E.®) zum Beispiel ist perfekt auf das F.E.E.®-Fraktal zugeschnitten und ermöglicht eine erfolgreiche durchgängige Umsetzung in kurzer Zeit (siehe Kapitel 7.1).

Für die Umsetzung der F.E.E.®-Methode werden hochqualifizierte Partner ausgebildet und zertifiziert. Sie stehen im stetigen Erfahrungsaustausch miteinander und helfen interessierten Organisationen die F.E.E.®-Methode einzuführen, mit dem Ziel ein perfekt auf die Firma zugeschnittenes Führungs- und Managementsystem auf- und umzusetzen.

Nebenbei erarbeiten die Partner detaillierte Schulungsunterlagen, sowie Musterhandbücher und Fraktal-Beispiele für verschiedene Branchen, respektive Organisationstypen. Dank dem starken Partnernetzwerk ist die kontinuierliche Verbesserung der F.E.E.®-Methode sichergestellt.

4.4 DAS F.E.E.®-FRAKTAL ALS KLAMMER

Das Fraktal als Flussdiagramm hat sich über viele Jahre bewährt. Es zeigt die verschiedenen Gedankengänge, die Entscheidungspunkte und veranschaulicht den integrierten Verbesserungsprozess. Die Darstellung benötigte jedoch stets sehr viel Platz. Zudem war und ist es uns ein Anliegen, stets auf Kundenwünsche einzugehen und Erweiterungen zu ermöglichen. So z.B. zusätzliche Angaben der Verantwortlichkeiten, Terminen, etc. innerhalb der Ausführung, oder der Aufnahmen von Risiken und weiterer Prozesselementen.

Deshalb wurde eine andere grafische Lösung gesucht. Sie wurde in der F.E.E.®-Klammer gefunden. Sie ist nachfolgend grafisch und schematisch dargestellt.

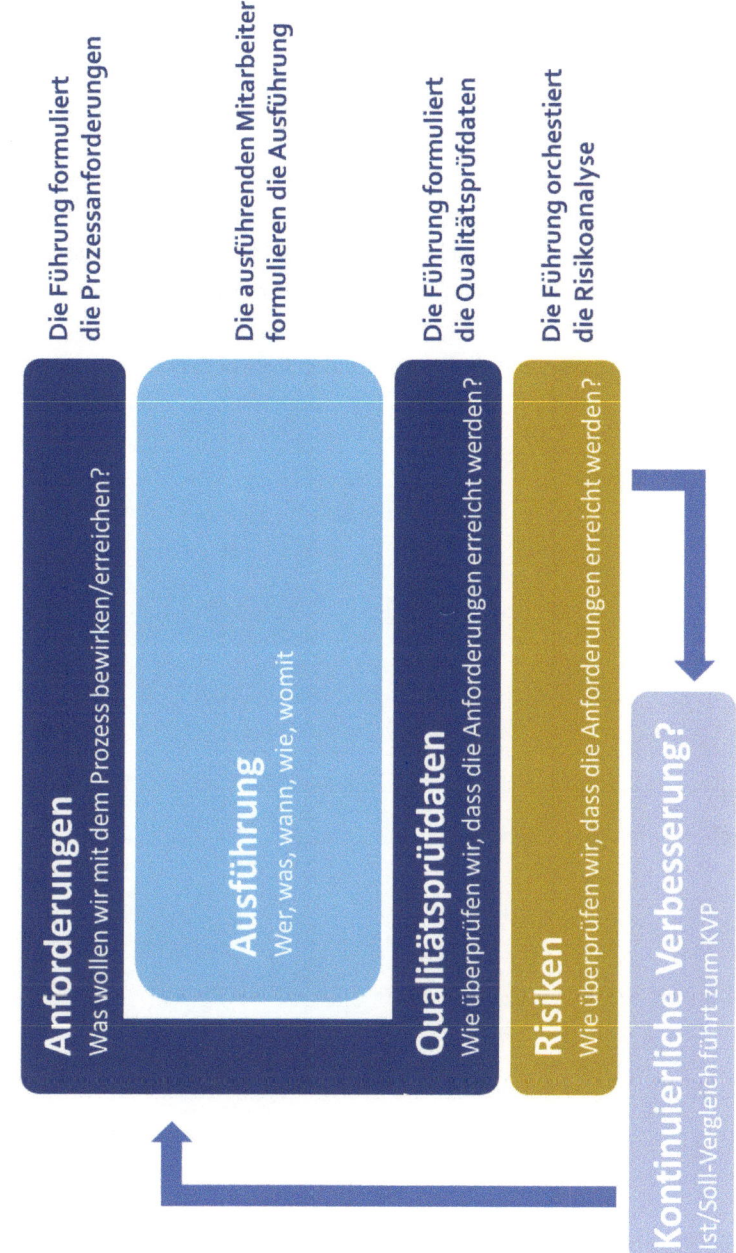

Anforderungen
Was wollen wir mit dem Prozess bewirken/erreichen?

Die Führung formuliert die Prozessanforderungen

Ausführung
Wer, was, wann, wie, womit

Die ausführenden Mitarbeiter formulieren die Ausführung

Qualitätsprüfdaten
Wie überprüfen wir, dass die Anforderungen erreicht werden?

Die Führung formuliert die Qualitätsprüfdaten

Risiken
Wie überprüfen wir, dass die Anforderungen erreicht werden?

Die Führung orchestiert die Risikoanalyse

Kontinuierliche Verbesserung?
Ist/Soll-Vergleich führt zum KVP

25

Die F.E.E.®-Klammer besteht wie das Fraktal-Flussdiagramm aus den Anforderungen, den Qualitätsprüfdaten, der Ausführung, dem integrierten Verbesserungsprozess und den Entscheidungsträgern E1, E2, und E3.

Die Anforderungen und die Q-Daten bilden zusammen eine Klammer (Zwinge) um die Ausführung.

Bildlich gesprochen zwingen diese beiden Elemente die Ausführung zur richtigen Arbeit. Sie umklammern die Ausführung. Die beiden werden wie vorhin vom Prozessverantwortlichen und mit den genau gleichen Überlegungen formuliert: «Was wollen wir mit dem Prozess bewirken oder erreichen?».

Die Ausführung wird von den ausführenden Mitarbeitenden formuliert.

5. DAS F.E.E.®-FRAKTAL IN DER PRAXIS

Das F.E.E.®-Fraktal wird kontinuierlich weiterentwickelt. Heute besteht das F.E.E.®-Fraktal aus:
a) den Anforderungen
b) der Ausführung
c) den Qualitätsdaten und erkannten Risiken
d) den Entscheidungsträgern E1, E2, E3
    E1: Anforderungen vollständig & eindeutig?
    E2: Anforderungen erfüllt?
    E3: Verbesserungsfähig oder Ausschuss?
e) den 4 kybernetischen Kreisen 1, 2, 3 und 4
f) einem Input oder Anfang und einem Output oder Ende. Denn jeder Prozess beginnt und hört auf, respektive schließt sich einem vorherigen oder Folgeprozess an.

Auf den nachfolgenden Seiten werden diese Bestandteile erklärt.

5.1 ANFORDERUNGEN

Definition von Prozessanforderungen und Projektzielen

Für jede Aufgabe sind die Anforderungen oder Ziele wichtig. Bei einem Prozess werden Anforderungen erfüllt in einem Projekt werden Ziele erreicht. Der Unterschied zwischen Projektzielen und Prozessanforderungen liegt darin, dass die Anforderungen laufend, respektive ewig, erfüllt werden müssen, während Projektziele erreicht werden.

Kurz: Projekte mit Zielen werden abgeschlossen, Prozesse laufen weiter. Mit dem F.E.E.®-Fraktal werden Prozesse und keine Projekte formuliert.

27

Mit den Anforderungen im F.E.E.®-Fraktal werden Ziel, Sinn und Zweck eines Prozesses eindeutig und verständlich formuliert. Die Qualität des Prozesses wird sichergestellt.

Die Anforderungen beinhalten weiche und harte Daten, z.B. die Kundenzufriedenheit oder Freundlichkeit sind weiche Daten, die Erreichung des Umsatzes oder keine Unfälle sind harte Daten.

Die wesentliche Frage ist daher bei der Erstellung der Anforderungen: **«Wie müsste es sein, dass der Prozess gut erfüllt wird?»**

Die Anforderungen sollten die Kreativität des Prozessanwenders in keiner Weise einschränken. Neue und bessere Lösungen sollen weiterhin möglich sein. Mit anderen Worten, die Anforderungen stellen die Rahmenbedingungen, die Ausführung definiert das «Wie».

Anforderungen am Beispiel eines Nagels

Diese Absicht kann am sogenannten Nagelbeispiel sehr gut veranschaulicht werden. Die Frage lautet: «Was sind die die Anforderungen an einen Nagel?». Was würden Sie spontan mit geschlossenen Augen antworten?

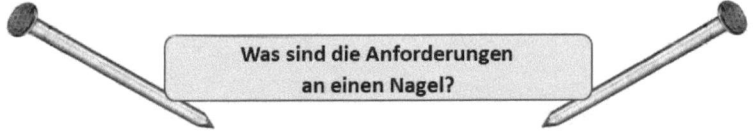

Was sind die Anforderungen an einen Nagel?

Ist Ihre Antwort allenfalls: spitz, stabil, lang oder kurz, rostfrei, verzinkt… Dann seien Sie sich bewusst: Das sind alles Eigenschaften eines Nagels, nicht aber eine Anforderung! Die Anforderung des Nagels ist viel offensichtlicher: Er soll zwei oder mehrere Teile zusammenhalten!

Wie erwähnt sollen Anforderungen die Rahmenbedingungen geben, jedoch verschiedene Lösungen zulassen. Es ist dann die Aufgabe des Anwenders, die beste Lösung zu finden.

Beim Nagelbeispiel sind entsprechend verschiedenen Lösungen möglich, so z.B. schweißen, löten, kleben, nageln, schrauben, klammern, etc.

Der Anwender und Fachexperte soll deshalb entscheiden, welche Ausführung am sinnvollsten, effizientesten, sichersten und/oder kostengünstigsten ist. Die Anforderungen bestimmen das «Was», die Ausführung das «Wie».

Fazit: Die richtigen Anforderungen an einen Prozess sollen die Anwender zur besten Lösung einer Aufgabe animieren. Dies fördert Freude und Spaß an der Arbeit bei allen Beteiligten.

Definition der Anforderungen

Die Definition der Anforderungen ist klare Führungsangelegenheit und somit Chefsache!

In kritischen Prozessen bestimmt gar der Verwaltungsrat die Anforderungen, in vielen Prozessen die Geschäftsführung oder ein Geschäftsleitungsmitglied zusammen mit dem Prozesseigner. Zudem gilt es immer auch auf die Anforderungen des Gesetzgebers, der Normen, der Inhaber und ganz speziell die Prozessanforderungen der Kunden einzugehen.

Anforderungen bewirken:
- dass Firmenzweck, Strategie und Leitbild umgesetzt werden
- dass Kundenanforderungen und -wünsche, erfüllt werden
- dass alle relevanten Gesetze befolgt werden
- dass die Normen, Verbands-Reglemente eingehalten werden
- dass die Arbeitssicherheit durchgesetzt wird
- dass der Umweltschutz gepflegt und gefördert wird
- dass die Wirtschaftlichkeit beachtet wird.
- dass die Zukunft der Organisation gesichert ist.

Fazit: Die Anforderungen garantieren die **Effektivität** eines Prozesses!

29

Die Anforderungen sind daher:
- Keine Eigenschaften
- Keine Beschreibungen der Ausführung
- Keine Anforderung an die ausführende Person
- Es wird vorausgesetzt, dass die Person für den Prozess ausgebildet und befähigt ist.

Fazit: Die Anforderungen sind das Wichtigste in einem Prozess. Es lohnt sich daher, sich für die richtige Anforderungen Zeit zu nehmen und diese auch richtig zu verstehen.

Die Vorgesetzten fordern die Erfüllung der Anforderungen und verlangen damit Qualität in den Prozessen.

Fazit: Die Formulierung der Anforderungen ist zukunftsgerichtet und Chefsache

> **Anforderungen sind Chefsache**

Vorteile der F.E.E.®-Methode bei der Definition von Anforderungen

Basierend auf unserer langjährigen Erfahrung mit verschiedenen Konzepten beim Aufbau von Managementsystemen, sind wir überzeugt, dass die F.E.E.®-Methode die effizienteste und wirkungsvollste Methode bei der Umsetzung darstellt. Dies hat mitunter folgende Gründe:

- Alle Prozesse werden gleich dargestellt. Die Definition der Anforderungen folgt klaren Grundregeln.
- In allen Teams werden die Zusammenarbeit und das gegenseitige Verständnis gefördert. Man spricht die gleiche Sprache.
- Es ist keine langwierige IST-Analyse notwendig, der Fokus liegt auf der Zukunft.
- Der fraktale Ansatz ermöglicht Fokussierung. Jene Prozesse, deren Anforderungen das Führungsteam zuerst beschreibt, können sogleich verbessert werden.
- Die negative Vergangenheit wird ausgeblendet. Es geht nicht darum was früher falsch gemacht wurde, sondern welche Anforderungen an den Prozess heute bestehen.
- Die Formulierung der Anforderungen ist emotionslos, keine Person wird in Frage gestellt.
- Die Vorgesetzten fordern «nur» die Erfüllung der Anforderungen, dies impliziert automatisch die notwendige Qualität in den Prozessen.
- Die Führung lädt Mitarbeitende ein, im Rahmen der Anforderungen die zukünftigen Prozesse zu gestalten. Mitarbeitende dürfen und können sich einbringen und fühlen sich wertgeschätzt
- Der Aufbau des Managementsystem beruht auf Fraktalen und kann jederzeit ausgebaut werden.

Obige Eigenschaften der F.E.E.®-Methode führen zu raschen und nachhaltigen ersten Erfolgen und einer schnellen Umsetzung. Unsere Erfahrung haben wir in nachfolgender Grafik dargestellt.

31

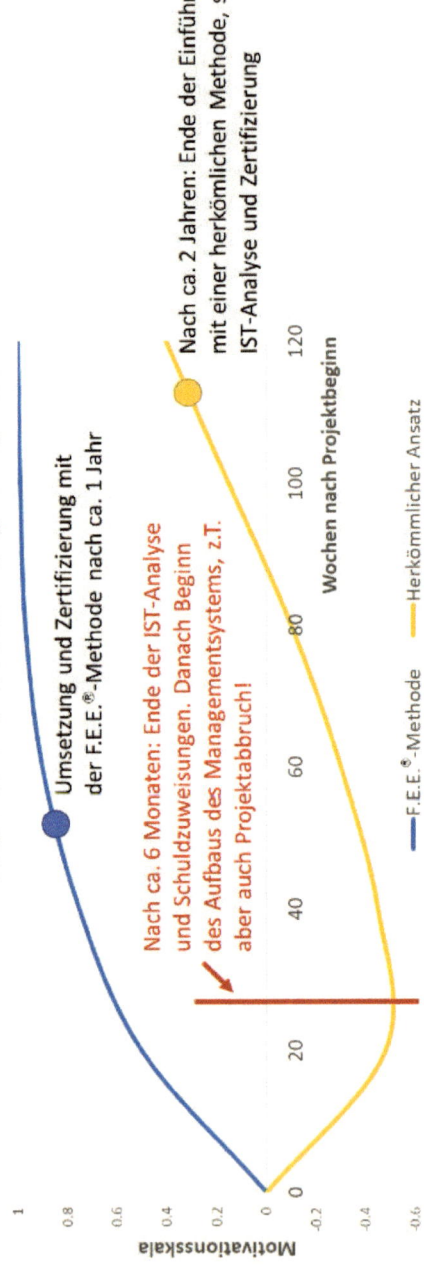

Motivation der Mitarbeitenden
während dem Aufbau eines Managementsystems

Umsetzung und Zertifizierung mit
der F.E.E.®-Methode nach ca. 1 Jahr

Nach ca. 6 Monaten: Ende der IST-Analyse
und Schuldzuweisungen. Danach Beginn
des Aufbaus des Managementsystems, z.T.
aber auch Projektabbruch!

Nach ca. 2 Jahren: Ende der Einführung
mit einer herkömmlichen Methode, samt
IST-Analyse und Zertifizierung

Wochen nach Projektbeginn

F.E.E.®-Methode   Herkömmlicher Ansatz

Motivationsskala

32

5.2 QUALITÄTSPRÜFDATEN (Q-DATEN, PRÜFDATEN)

Damit die Anforderungen in jedem Prozess erfüllt werden, braucht es Qualitätsprüfdaten. Ohne diese schwebt ein Prozess im luftleeren Raum. Die Anforderungen und die Q-Daten sind ein unzertrennliches Paar. Sie werden meist gleichzeitig definiert. Erst danach beschreibt man die Ausführungsschritte.

Qualitätsprüfdaten zur Überprüfung der Erfüllung der Anforderungen

Fakt ist, dass ohne Kennzahlen eine Verbesserung eines Prozesses nicht möglich ist.

Falsch formulierte Qualitätsprüfdaten (eventuell wegen falsch formulierten Anforderungen) erzeugen zudem des Öfteren unerwünschte Resultate.

Beispiel: *Wird eine Verkäuferin am Umsatz gemessen, so wird sie möglichst hohen Umsatz «bolzen». Wird sie aber am Gewinn gemessen (z.B. EBITDA), so wird sie eventuell weniger Umsätze erzielen, da sie sich auf profitable Umsätze mit hohen Margen fokussiert.*

Die Anforderungen können auf zwei Arten geprüft werden:
- **«Harte» Anforderungen** können gemessen werden.
  Dazu dienen Messdaten, Die bekanntesten Messdaten sind physikalische Messungen wie Temperatur, Länge, Breite, Zeit. In einer Organisation sind es Zahlen für Umsatz, Kosten, Anzahl von Kundenkontakten, Anzahl von Unfällen, Fehlermeldungen, usw.
- **«Weiche» Anforderungen** können nicht physikalisch gemessen, jedoch aber geprüft werden.
  Prüfdaten sind somit Beobachtungen, Empfindungen, Reaktionen von internen und externen Kunden und weiteren Menschen.

Beispiel: *Für die Freundlichkeit existiert kein geeichtes Messband oder Skala. Sie wird geprüft durch Reaktionen von Mitarbeitenden, Kunden, Lieferanten, etc.*

Aus dem Schulwesen kennen wir beide Arten von Anforderungen und Prüfdaten. Bei einem Diktat oder Rechnungsprüfung können die Fehler sehr einfach gezählt werden. Hier wird gemessen. Für den Inhalt und die Formulierung eines Aufsatzes besteht kein «global gültiges Messystem». Die Notengebung hängt einzig und allein vom Empfinden der Lehrperson ab. Hier wird geprüft.

Qualitätsprüfdaten sind mitunter:
- Messungen, Anzahl eines Ereignisses, physikalische Größen, etc.
- Zertifikate, Diplome
- Prüfblätter, Prüfzertifikate
- Reaktionen (Lob wie Tadel) von Mitarbeitenden, Kunden, Lieferanten, externen Beeinflusser
- Interne und externe Auditberichte
- Beobachtungen
- etc.

Fazit: Die Qualitätsprüfdaten stellen sicher, dass die Anforderungen erfüllt werden. Anforderungen und die Prüfdaten bilden ein unzertrennliches Paar. Sie zusammen garantieren, dass der Prozess die richtige Wirkung hat und sorgen für die **Effektivität** eines Prozesses.

Sobald die Rahmenbedingungen für einen Prozess mittels Anforderungen und Qualitätsprüfdaten erfolgt sind, startet die Definition, respektive Klärung der Ausführung.

In der Ausführung formulieren die Mitarbeitenden wer, wann, wo, was, mit was macht.

Wichtig: Die Ausführung wird von Fachpersonen ausgeführt. Diese Personen sind für die Aufgaben fähig und dazu ausgebildet. Daher ist das «Wie» meist weniger wichtig wie die anderen «W-Fragen». Oft wird das «Wie» auch gar nicht formuliert.

> **Die Arbeit soll Spass machen.**
> **Das «Wie» muss oft nicht beschrieben werden.**

Und ja, wir kennen sehr viele Tätigkeiten in unserem Leben, wo das «Wie» nicht beschrieben wird.

Beispiel: *Man vereinbart ein Treffen mit einem Freund. Man bespricht wer kommen soll, sowie wo und wann man sich treffen will. Nur in den seltensten Fällen definiert man auch wie (d.h. auf welchem Weg oder mit welchem Fortbewegungsmittel) man kommen soll. Der Weg zum Treffpunkt ist freigestellt. Je nach Wetterlage bestimmt jeder selbst, wie er kommen will.*

Die Arbeit soll Spaß machen! Dies ist eine wichtige Zielsetzung der F.E.E.®-Methode.

Die Fachpersonen sollen wo möglich in ihrer Kreativität und Intuition gefördert werden. Nur wer seine Arbeit liebt, wird die Arbeit auch gerne ausführen und weiterentwickeln.

Fazit: Die optimale Ausführung stellt die **Effizienz** sicher.

35

Der Grad der Detaillierung der Ausführung kann verschieden sein.

- In einigen Fällen gibt es eine **undefinierte oder überhaupt keine Beschreibung**. Die Ausführung wird allein durch die Anforderungen und den Qualitätsdaten bestimmt. Dies beschreibt Prozesse, in welchen große Kreativität und Freiheit in der Ausführung wichtig sind.

- Die **teilweise definierte Beschreibung** legt die wichtigsten Tätigkeiten fest. Sie wird meistens mit Unterlagen ergänzt.

- Die **ganz definierte Beschreibung**, z.B. zur Herstellung eines Medikamentes, legt jeden Schritt der Tätigkeit genau vor. Das «Wie» ist hier zur Erreichung des geforderten Resultates sehr wichtig. Die Kreativität ist sehr eingeschränkt.

Der F.E.E.®-Methode ist es ein wichtiges Anliegen so viel wie nötig und zugleich so wenig wie möglich zu beschreiben. Denn jeder Prozess ist anders und unterscheidet sich in der optimalen Regeldichte.

Führungspersonen kennen dieses Dilemma nur allzu gut. Auch wenn man alles gerne voraussehen und budgetieren möchte, so ändern sich Situationen täglich, ja gar im Minutentakt. Der Führungsprozess ist von vielen externen und internen Faktoren beeinflusst. Ein «festzurren» von Führungsabläufe und deren striktes einhalten ist in der heutigen Zeit einfach nicht möglich. Wer führen will, braucht Spielraum!

Jeder Prozess hat einen optimalen Spielraum und eine optimale Regeldichte!

Kreativität
Flexibilität

Regeldichte

Vorschriften
Routine
Kontrolle

Spielraum

36

Wichtig: In der Ausführung werden nur ausgebildete und fähige Personen mit den darin enthaltenen Aufgaben beschäftigt. Kann eine Person eine ihre zugewiesene Arbeit nicht erfüllen, muss die Frage gestellt werden: «Ist die Person für diese Aufgabe fähig?». Bei der Antwort Ja, muss die Person geschult oder ausgebildet werden. Das ist z.b. bei einer Person in Ausbildung der Fall. Bei einem Nein muss eine Lösung für die Person gesucht werden.

5.4 RISIKEN

In jedem Prozess verbergen sich Risiken. Diese müssen von der Führung erkannt, analysiert, bewertet und anschließend entweder, akzeptiert, reduziert oder beseitigt werden.

Es ist also Aufgabe des Prozessverantwortlichen (Entscheidungsträger E1), diese Beurteilung vorzunehmen, respektive im Team zu orchestrieren.

Die F.E.E.®-Methode ermöglicht dies, indem ein Prozess-Fraktal mit der Risiko-Komponente erweitert wird.

Die Risiko-Komponente ermöglich es für jeden Prozess die Risiken zu nach Risikoart zu kategorisieren, und eine Abschätzung der Eintrittswahrscheinlichkeit (W) und Ausmaß (A) vorzunehmen.

Um eine Risikokennzahl (RPZ) zu errechnen, empfiehlt es sich Eintrittswahrscheinlichkeit und Ausmaß mit einer Bewertung (z.B. von 1 – 10) zu arbeiten.

In beiliegendem Beispiel ist RPZ = W x A

Erörtert man nun für jeden Prozess die Risiken aus, so kann man sie in einem großen Ganzen zusammenziehen und eine (oder sogar mehrere) entsprechende Risiko-Matrix erstellen.

37

Risiko-Matrix

		Auswirkungen				
		unbedeutend	gering	mittel	bedeutend	sehr gross
		1	3	5	7	10
fast sicher	10	10	30	50	70	100
wahrscheinlich	7	7	21	35	49	70
möglich	5	5	15	25	35	50
unwahrscheinlich	3	3	9	15	21	30
sehr unwahrscheinlich	1	1	3	5	7	10

Eintrittswahrscheinlichkeit

Risikoarten

Risikoarten werden verwendet...

a) als Hilfestellung – Frage: «Haben wir alle Risiken im Prozess betrachtet?»

b) als Möglichkeit zu Filtern und mit den relevanten Personen (z.B. Risiko-Stakeholdern) auf diese spezifischen Risiken einer Risikoart einzugehen.

Dabei ist es auch hier wichtig, die einzelnen Risikoarten klar zu definieren, um Beteiligte in der Formulierung und Klassifizierung von Risiken einen Leitfaden zu geben.

Hinweis: In letzter Zeit spürt man einen Wandel der seit jeher bekannten Risikoarten wie Naturkatastrophen, Markt-, Währungs-, Finanzierungs-, personelles, technisches oder politisches Risiko, hin zu neuzeitlichen Risiken wie strategisches Risiko, IT-Risiko, soziokulturelles Risiko oder Datenschutz

Wer sich also heute nur auf den Markt oder die Finanzierung fokussiert und dabei IT-Risiken (Hackerangriff, Datenklau, Anbieter-Abhängigkeit, etc.), sowie Datenschutz-, oder Soziokulturelle-Themen nicht beachtet, kann grobe Verluste erleiden, hohe Bussen und Einschränkungen aufgebrummt bekommen, sowie mit «Shitstorms» in eine unliebsame Ecke gedrängt werden. Das Nichtbeachten dieser Risiken kann existenzbedrohende Folgen haben.

5.5 DIE ENTSCHEIDUNGSTRÄGER E1, E2, E3

In jedem Fraktal gibt es drei Entscheidungsträger, die an verschiedenen Stellen und während dem Prozessaufbau und der Prozessausführung ihre Verantwortung tragen müssen.

Entscheidungsträger E1

- Der Entscheidungsträger E1 stellt sicher, dass die Anforderungen vollständig und eindeutig formuliert werden. Er ist der **Vorgesetzte des Prozesses**. Er ist verantwortlich, dass alle Mittel zur Erfüllung der Anforderungen bereitgestellt werden.

  Beispiel: Der Verkaufsleiter formuliert die Prozessanforderungen für seine Mitarbeitenden (Verkäuferinnen und Verkäufer)

- Damit die Anforderungen auch erfüllt werden, formuliert er ebenfalls die Q-Daten.

- Wie im vorherigen Abschnitt erwähnt, ist der Entscheidungsträger E1 auch verantwortlich die Risiken des Prozesses abzuklären und aufzunehmen

39

Entscheidungsträger E2

- Der Entscheidungsträger E2 ist für die **Ausführung und Prüfung der Q-Daten** verantwortlich. Bei Abweichungen veranlasst und überwacht er Änderungen in der Ausführung.

  Beispiel: *Das kann eine Nacharbeit oder Reparatur, eine Schulung der Mitarbeitenden, sowie die Anschaffung neuer Geräte, etc. sein.*

- Bei Abweichungen, die eine Änderung der Anforderungen erfordern, informiert er den Entscheidungsträger E1.

Entscheidungsträger E3

- Der Entscheidungsträger E3 ist der **Überwacher** des gesamten Prozesses. Er entscheidet, ob die Anforderungen immer noch aktuell sind.
- Er veranlasst...

  a) die Änderung der Ausführung, falls der Entscheidungsträger E2 seiner Aufgaben nicht gewachsen ist,

  b) Änderungen der Anforderungen, wenn das Umfeld sich verändert, entweder auf eigenen Antrieb oder auf Hinweis von Entscheidungsträger E2. In diesem Fall muss das ganze Fraktal mit den neuen Anforderungen frisch formuliert werden,

  c) den Abbruch des Prozesses, falls er nicht mehr notwendig ist oder die Q-Daten nicht erfüllt werden können. Der Entscheidungsträger E3 ist meist identisch mit dem Entscheidungsträger E1.

Im F.E.E.®-Fraktal gibt es vier verschiedene Regelkreise. Sie garantieren die richtige Formulierung der Anforderungen und die richtige Umsetzung der Anforderungen.

Ursprünglich bestand das Fraktal nur aus den zwei Regelkreisen 1 und 2. Diese sind auch die wichtigsten.

- Im **Regelkreis 1** stellt der Entscheidungsträger E1 sicher, dass alle wichtigen Anforderungen (Bedürfnisse, Wünsche) an den Prozess, vollständig, und keine Eigenschaften aufgelistet sind. Er stellt zudem sicher, dass die Anforderungen eindeutig und verständlich formuliert sind. Er ist der wichtigste Kreis, damit der Prozess auch effektiv ist.
- Die **Regelkreise 2, 3 und 4** sind Verbesserungsprozesse. Die Regelkreise 2 und 3 sind Verbesserungsprozesse an der Ausführung, der Regelkreis 4 leitet eine Prozessüberarbeitung ein.
- Die **Regelkreise 2 und 3** müssen in jedem Prozess verhindert werden. Sie bedeuten Verschwendung von Zeit, Geld, Ressourcen und Imageverlust im schlimmstenfalls nach außen. Der Mensch hat ein sehr gutes Gespür für diese Regelkreise entwickelt. Er ärgert sich, wenn er sich in diesen beiden Kreisen befindet. Dieser Ärger verlangt dann nach einer Verbesserung des Prozesses im Ausführungsteil oder in der Ausführung selbst.
- Im **Regelkreis 2** wird eine Verbesserung durch den Entscheidungsträger 2 zwar festgestellt, eine Änderung der Ausführung aber durch den Entscheidungsträger 3 eingeleitet und überwacht.
- Im **Regelkreis 3** stellt der Entscheidungsträger E2 Fehler am Ausgangsprodukt fest und durch geeignete Maßnahmen korrigiert und überwacht er die Ausführung in Eigenverantwortung. Er leitet somit einen Verbesserungsprozess zur Vermeidung von weiteren Abweichungen (Fehlern) oder Verbesserung des Prozesses ein.
- Im **Regelkreis 4** wird grundsätzlich der ganze Prozess in der formulierten Form in Frage gestellt.

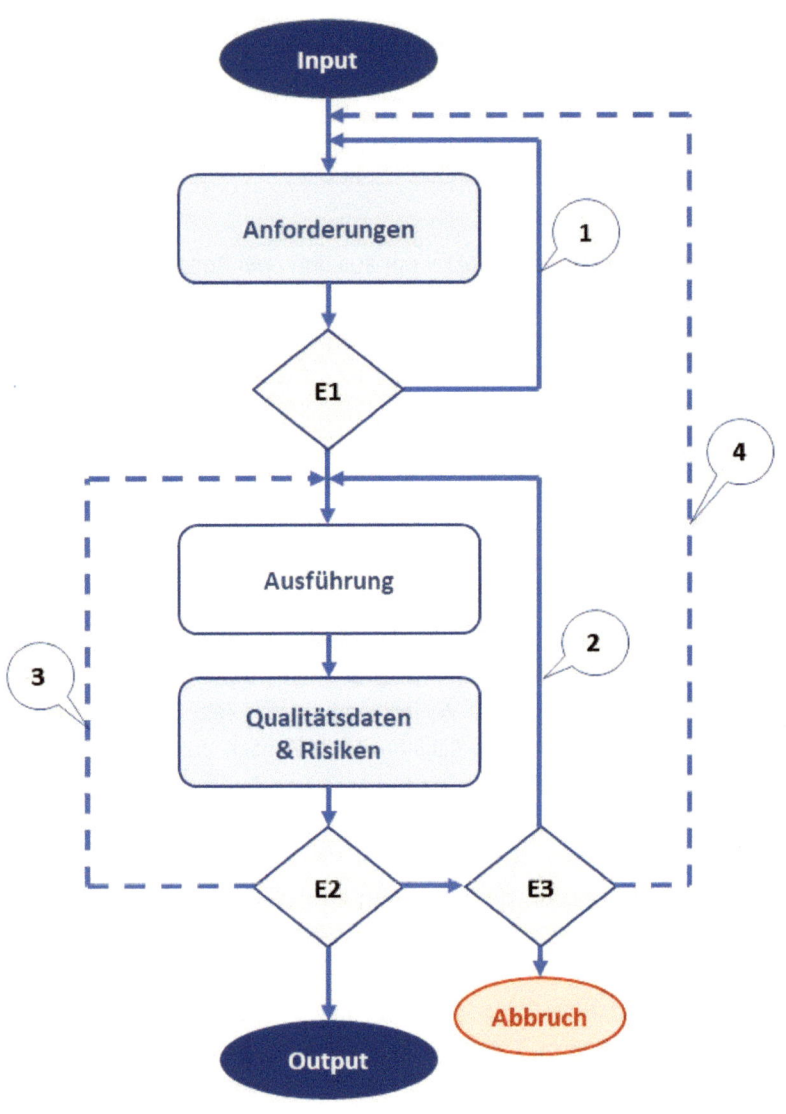

E1: Anforderungen vollständig & eindeutig?

E2: Anforderungen erfüllt?

E3: Verbesserungsfähig oder Ausschuss?

5.7 BEISPIEL EINES F.E.E.®-FRAKTAL

Als Beispiel eines F.E.E.®-Fraktals eignet sich die Einführung von neuen Mitarbeitenden. Dies ist ein Prozess, welcher in den meisten Unternehmen und Institutionen immer wieder durchlaufen wird.

Der Name des Prozesses bildet sich aus einem Nomen und einem Verb, also «Mitarbeitende einführen».

Dieser Prozess ist für jede Organisation von großer Bedeutung, weil in den ersten Wochen der Einarbeitung wichtige Erfahrungen auf beiden Seiten, Arbeitnehmer und Arbeitgeber gemacht werden. Im schlimmsten Fall kündigt der/die Mitarbeitende bereits innerlich. Eine gut eingeführte Person jedoch integriert sich rasch in die Organisation und identifiziert sich mit ihr.

Die Anforderungen an den Prozess «Mitarbeitende einführen» können von Firma zu Firma und sogar von Funktion zu Funktion verschieden sein. Führungskräfte werden zum Beispiel meist anders eingeführt als Mitarbeitende in der Wertschöpfungskette (z.B. an Produktionsmaschinen oder in der Patientenpflege). Die Dauer einer Einführung eines Mitarbeitenden muss festgelegt werden. Normalerweise ist es ratsam, diese Zeit mit der Probezeit zu verknüpfen, respektive einen ersten Meilenstein an diesem Termin zu setzen.

Wie bereits erwähnt, beginnt die Formulierung eines Fraktals mit den Anforderungen. Sie bestehen aus harten und weichen Daten.

Anforderungen

I. Neue Mitarbeitende sollen bewusst und umfassend in die Gepflogenheiten und Kultur der Organisation eingeführt werden.

> *Bemerkung: Mit dieser einzigen Anforderung ist der Sinn des Prozesses sicher noch nicht vollständig beschrieben. In einem Brainstorming erarbeitet man meist weitere Anforderungen. Der Vorgesetzte des Prozesses prüft, ob sie eindeutig, richtig verstanden und vollständig sind.*

43

II. Neu eintretende Mitarbeitende sollen einen guten Eindruck von der Organisation erhalten und sich vom ersten Tag an wohl und erwünscht fühlen.

III. Es sollen für die ersten 3 Monate Ziele vereinbart werden.

Bemerkung: *Neue Mitarbeitende erwarten etwas an der neuen Stelle, der neue Vorgesetzte ebenso. Diese Wünsche und Bedürfnisse sollten formuliert und vereinbart werden.*

Beispiel: *Ein Ziel eines neuen Projektleiters wäre, dass er selbst fordert, dass er in zwei Monaten nach Eintritt das erste kleinere Projekt selbständig ausführt. Dieses Ziel fordert nicht nur den neuen Mitarbeiter, sondern auch die Vorgesetzten.*

IV. Die Einführung in die neue Tätigkeit soll rechtzeitig organisiert werden

V. Die/der Mitarbeitende soll rasch in die neuen Tätigkeiten und Arbeitssicherheit eingeführt werden.

VI. Allfällige Schulungsbedürfnisse sollen ermittelt und entsprechende Ausbildungen organisiert werden.

VII. Der Arbeitsplatz, persönliche (Schutz-)Ausrüstung und die notwendigen Kommunikationseinrichtungen sollen zum Arbeitsbeginn komplett eingerichtet und vorhanden sein.

VIII. Die Arbeiten sollen umweltfreundlich und wirtschaftlich erfolgen.

Bemerkung: *Diese Forderung soll natürlich in allen Prozessen befolgt werden. Sie kann somit auch in einer Mitarbeiter-Richtlinie generell gefordert werden und somit weggelassen werden.*

Wenn nun alle Anforderungen für den Prozess «Mitarbeitende einführen» formuliert sind, entscheidet die vorgesetzte Person (Entscheidungsträger E1) ob die Anforderungen vollständig und keine Eigenschaften, sowie eindeutig und nicht interpretierbar sind.

Qualitätsdaten erfassen

Wenn alle Anforderungen vollständig und eindeutig formuliert sind, werden die Qualitätsdaten, das heißt jene Daten, welche die Qualität des Prozesses sicherstellen, beschrieben.
Jede Anforderung wird nun nochmals geprüft.

Im vorliegenden Prozess «Mitarbeitende einführen» scheint es sinnvoll eine Checkliste mit den Prüfdaten zu erstellen. Darin wird geprüft:
a) Wie die Befindlichkeit nach dem ersten Tag, einer Woche, Monat und am Ende der Probezeit ist
b) Ob «smarte Ziele» vereinbart wurden
c) Ob der Mitarbeiter in seine Tätigkeiten, die Arbeitssicherheit, Organisation, etc. eingeführt wurde.
d) Ob am Ende der Probezeit ein Mitarbeitergespräch stattgefunden hat.

Die Checkliste ist hauptsächlich eine Liste des Prozessvorgesetzten, also Entscheidungsträger E1.
Die Prüfung der Checkliste ist Aufgabe des Entscheidungsträgers E2. Diese Person ist zu bestimmen. Es kann der Abteilungsleiter, Gruppenleiter oder eine Personalverantwortliche sein.
Der Entscheidungsträger E2 prüft nicht nur gemäß der Checkliste, er muss auch allfällige Korrekturen des Prozesses einleiten und überwachen, d.h. die Ausführung oder die Checkliste der Prüfung muss verbessert werden.

Ausführung definieren

Wenn nun die Anforderungen und die Q-Daten formuliert sind, erarbeiten die Beteiligten des Prozesses die Ausführung. Dies können Personalverantwortliche zusammen mit den Gruppen- oder Abteilungsverantwortlichen sein.
In der Ausführung werden nun die Verantwortlichkeiten festgelegt, wer, was, wann, womit macht.

So kann zum Beispiel definiert werden, dass die verantwortliche Person im Personalwesen eine Dokumentation der Firma vorbereitet und alle administrativen und persönlichen Anliegen erledigt. Der Abteilungsverantwortliche soll dann die neue Person begrüßen und allen Mitarbeitenden der Firma vorstellen. Der Gruppenverantwortliche bereitet den Arbeitsplatz und instruiert die neue Person in allen Sicherheitsbelangen. Er bestimmt eine Person als «Götti».

Ein Fraktal als F.E.E.®-Klammer mit den obgenannten Anforderungen, Q-Daten und Ausführung ist auf der nächsten Seite dargestellt.

FEE
Wir wollen lernen

Mitarbeitende einführen   **P 2.1**

Anforderungen

1. Neue Mit arbeitende sollen umfassend in die Gepflogenheiten und Kultur der Organisation eingeführt werden.
2. Neu eintretende Mitarbeitende sollen einen guten Eindruck von der Organisation erhalten und sich vom ersten Tag an wohl und erwünscht fühlen.
3. Es sollen für die ersten 3 Monate Ziele vereinbart werden.
4. Die Einführung in die neue Tätigkeit soll rechtzeitig organisiert werden.
5. Die/ der Mitarbeitende soll rasch in die neuen Tätigkeiten und Arbeitssicherheit eingeführt werden.
6. Allfällige Schulungsbedürfnisse sollen ermittelt und entsprechende Ausbildungen organisiert werden.
7. Der Arbeitsplatz, persönliche {Schutz-}Ausrüstung und die notwendigen Kommunikationseinrichtungen sollen zum Arbeitsbeginn komplett eingerichtet und vorhanden sein.

E1: Überprüfung der Anforderungen   GL

Ausführung

Tätigkeit		wer	wann
1.	Personalwesen bereitet Dossier für neue Mitarbeiter vor, inklusive Mitarbeiterhandbuch DOK 2.0.02 und weiteren Unterlagen für den ersten Arbeitstag	HRM	Vor Start
2.	Abteilungsleiter/in mit Teamleiter/in erstellen den Einarbeitungsplan entsprechend FO 2.1.01 und bestimmen gemeinsam einen «Götti»	AL	Vor Start
3.	Teamleiter/ in koordiniert die Termine auf dem Einarbeitungsplan und überwacht die Einarbeitung auch mittels Checkliste FO 2.1.04	TL	Vor Start
4.	Teamleiter/ in bereitet IT-Hilfsmittel (FO 2.3.02) und Arbeitsplatz vor	TL	Vor Start
5.	Abteilungsleiter/ in begrüsst die neue Person und stellt sie allen Mitarbeitenden vor. Er/Sie übergibt das Dossier des Personalwesen und klärt allfällige Fragen	AL	Tag 1
6.	Teamleiter/ in erklärt den Einarbeitungsplan weiteres Vorgehen	TL	Tag 1
7.	Abteilungsleiter/ in führt die neue Person in die Firmenkultur & Strategie ein	AL	Woche 1
8.	Die neue Person wird entsprechend Einarbeitungsplan eingeführt. Sollten Termine noch nicht festgelegt worden sein, koordiniert sie diese selbstständig	TL	Ganze Probezeit
9.	Die neue Person erstellt mit dem/der Teamleiter/in smarte Ziele gemäss FO 1.03.02. Sofern möglich sollen erste messbare Ziele in der Probezeit erreicht werden.	TL	Ende erster Monat
10.	Abteilungsleiter/ in prüft die Befindlichkeit der neuen Person gemäss FO 2.1.02 mindestens am Ende der ersten Woche, des ersten Monats und der Probezeit	AL	Ganze Probezeit
11.	Abteilungsleiter/in und Teamleiter/in organisieren das Probezeitgespräch gemeinsam gemäss FO 2.1.03 und führen dieses mit dem/der neuen Mitarbeiter/in durch	AL	Ende Probezeit
12.	Gemeinsam entscheidet man über fixe Anstellung, weiteres Vorgehen, zukünftige Schulungen, etc.	AL	Ende Probezeit

Qualitätsprüfdaten

1. Erhebung der Befindlichkeit ist erfolgt- Neue Mitarbeiter fühlen sich wohl
2. Neue Mitarbeiter sind in ihre Tätigkeiten und die Arbeitssicherheit gemäss Einarbeitungsplan und Checkliste FO 2.1.04 eingeführt
3. Smarte Ziele sind vereinbart
4. Mitarbeitergespräch am Ende der Probezeit hat stattgefunden

E2: Überwachung IST = SOLL   AL

E3: Verbesserungen einleiten   HRM

47

6. F.E.E.® ORGANISATIONSMODELL

In den vorhergehenden Kapiteln wurde erklärt, wie einzelne Prozesse einfach und natürlich formuliert werden können. Diese verschiedenen Prozesse müssen nun wiederum mit dem natürlichen Denken des Menschen geordnet werden. Gerne stellen wir hier unsere Lösung des F.E.E.® Organisationsmodells vor.

Hauptprozess Management

In jeder Organisation – ein Unternehmen in etwelcher Branche, eine Verwaltung oder Institution, eine Stiftung oder ein Verein – braucht es Führung. Jede Person, die eine Organisation (mit-)gründet, hat ein Ziel mit klarer Vorstellung der Angebote, Dienstleistungen oder Produkte.

Alle Prozesse der Führung werden deshalb in einem Hauptprozess **Management** zusammengefasst.

Hauptprozess Ressourcen

Eine Führung braucht Mittel zur Erreichung der Ziele, wie Personen, Informatik Technologie, Maschinen, Wissen, Kapital, Infrastrukturen, etc. Die Evaluierung, Beschaffung, Pflege und Weiterentwicklung dieser Mittel werden im Hauptprozess **Ressourcen** zusammengefasst.

Hauptprozess Kundenbeziehungen

Eine Organisation kann in einer freien Marktwirtschaft ohne Kundenbeziehungen kaum überleben. Die verschiedenen Prozesse des Verkaufs, wie Akquise, Offertwesen, Pflege der Kunden, Reparaturwesen, Kundenreaktionen, etc. werden im Hauptprozess **Kundenbeziehungen** zusammengefasst.

Die Kundenbeziehung besteht dabei nicht nur bis zur Auftragserteilung, sondern soll auch über den Verkauf hinaus dauern. Ein

Autohersteller zum Beispiel sorgt nicht nur für die einwandfreie Herstellung des Autos, er sorgt auch für einen einwandfreien Service, Reparatur- und Ersatzteildienst.

Hauptprozess Realisierung

Nach einem Verkaufsabschluss ist es nicht getan. Der Auftrag muss ausgeführt werden, die Dienstleistung erbracht und das bestellte Produkt hergestellt werden. In Produktionsbetrieben müssen z.B. Produkte entwickelt, Teile eingekauft, hergestellt, gelagert, geprüft und dem Kunden ausgeliefert werden.

Diese Prozesse der Ausführung werden in der F.E.E.®-Methode logischerweise im Hauptprozess **Realisation** zusammengefasst werden.

Hauptprozess Unterstützung

Von der Antike bis ins Mittelalter überlebte jede Unternehmung mit diesen vier Hauptprozessen. Man kannte kein Rechnungswesen, kein Versicherungswesen, keine Überprüfung des Managements, keinen kontinuierlichen Verbesserungsprozess, keine IT-Applikationsentwicklung, kein Prüfmittelmanagement, etc. Diese und weitere Prozesse unterstützen heute jedoch jede Organisation. In der F.E.E.®-Methode werden diese Teilprozesse in einem Hauptprozess **Unterstützung** zusammengefasst.

Hauptprozess Allgemeines

Ein Managementsystem hat meistens eine Beschreibung, ein Inhaltsverzeichnis und wichtige Dokumente, die beachtet und befolgt werden müssen, wie z.B. Gesetze und Normen und global gültige Richtlinien. Diese Dokumente können nicht in die fünf vorherbeschriebenen natürliche Hauptprozesse zugeordnet werden. Deshalb findet man diese Dokumente im Hauptprozess **Allgemeines.**

Die Hauptprozesse Allgemeines, Management, Ressourcen, Kundenbeziehung, Realisation und Unterstützung sind nachfolgend grafisch in einer typischen Prozesslandkarte des F.E.E.® Managementsystems dargestellt.

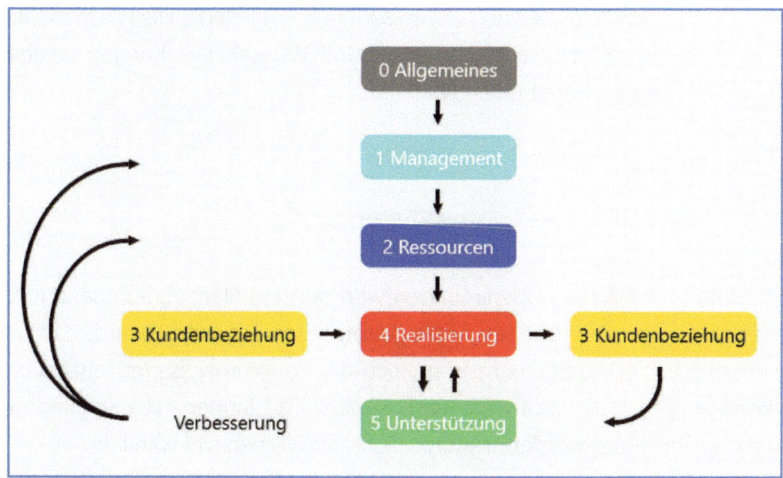

Das Bild zeigt auf einfache Art die Abhängigkeiten der Hauptprozesse:

Das Management, die Führung, hat einen wichtigen Einfluss auf die Ressourcen. Sie bestimmt die Personalpolitik, die Investitionen, das Knowhow und die Infrastruktur.

Die Bedeutung der wichtigen Aufgabe der Überwachung und Pflege der Ressourcen insbesondere die Personalführung wird in dieser Grafik ebenso fassbar. Gut geführtes Personal und gute Arbeitsmittel garantieren gute Arbeit.

Im Weiteren beeinflussen die Kunden die Realisierung, d.h. in der Realisierung werden die Produkte und Dienstleistungen entwickelt, hergestellt und weitergeleitet, die der Kunde will.

Die Realisierung wiederum wird vom Kunden vor und nach dem Kauf, sowie den Ressourcen und der Unterstützung beeinflusst.

Die Unterstützung andererseits erhält alle notwendigen Daten von der Realisierung und den Kunden. Sie wiederum liefert Informationen an das Management, z.B. das Rechnungswesen Umsatzzahlen, Rentabilität, an die Ressourcen, an die Kundenbeziehungen z.B. bei Reklamationen der Kunden und an die Realisierung, z.B. die IT unterstützt und überwacht die Applikationen für alle Prozesse.

Hinweis: Diese Darstellung der Prozesslandkarte hat sich bewährt und wurde in über 500 Organisationen umgesetzt. Die Prozessland-karte ist aber nach Bedarf und Wunsch des Kunden flexibel anpass- und umsetzbar.

6.2   TYPISCHES INHALTSVERZEICHNIS

Basierend auf diesen Überlegungen wird nun ein Managementhandbuch erstellt. Wie man leicht feststellen kann, legen wir Wert darauf, dass in einem F.E.E.®-Management-Handbuch die Hauptprozesse im Inhaltsver-zeichnis und in der Software (vgl. Kapitel 7.1) immer mit der gleichen Farbe gezeichnet werden. Natürlich sind die Farben frei wählbar.

Ein Inhaltsverzeichnis eines Handbuches sieht ungefähr wie folgt aus.

Inhaltsverzeichnis Management-Handbuch

Prozessgruppen	Inhalt	
0 Allgemeines	P 0.1	Inhalt, Abkürzungen, Geltungsbereich
	P 0.2	Führungssystem
	P 0.3	Lenkung der Dokumente, Aufzeichnungen
1 Management	P 1.1	Leitbild, Qualitätspolitik, Führungskultur
	P 1.2	Lagebeurteilung, Strategie, Zielsetzungen, Planung, Management Review
	P 1.3	Finanzplan, Budget, Controlling
	P 1.4	Corporate Identity, Corporate Design
	P 1.5	Unternehmensorganisation
	P 1.6	Risikomanagement, Internes Kontrollsystem IKS
	P 1.7	Interne Kommunikation, Dialog, Sitzungen
	P 1.8	Umweltmanagement - Planung
2 Ressourcen	P 2.1	Personalwesen, Personaladministration
	P 2.2	Aus- und Weiterbildung, Mitarbeiterentwicklung
	P 2.3	Wissensmanagement
	P 2.4	Arbeitssicherheit, Gesundheitsschutz
	P 2.5	Infrastruktur, Arbeitsmittel, Gebäudetechnik; Facility Managment
3 Kundenbeziehung	P 3.1	Marketing, Öffentlichkeitsarbeit
	P 3.2	Verkauf, Verträge
	P 3.3	Auftragsabwicklung
	P 3.4	Kundendienst, Wartung
	P 3.5	Kundeneigentum, Eigentum Dritter, Datenschutz Unternehmens - und Kundendaten
	P 3.6	Anspruchsgruppen, Partnerschaften, Aussenbeziehungen (Stakeholder)
4 Realisierung	P 4.1	Projektorganisation
	P 4.2	Beschaffung, Lieferanten und Geschäftspartner
	P 4.3	Realisierung von Produkt / Dienstleistung 1
	P 4.4	Realisierung von Produkt / Dienstleistung 2
	P 4.5	Handhabung, Verpackung, Lagerung, Transport
	P 4.6	Behandlung von Fehlern, Prüfplanung, Prüfungen
	P 4.7	Kennzeichnung, und Rückverfolgbarkeit, Rückruf
	P 4.8	UM-Umsetzung, Durchführung
5 Unterstützung	P 5.1	Messen der Leistungen
	P 5.2	Verbesserungsprozesse
	P 5.3	Interne Qualitäts- und Umweltaudit
	P 5.4	Informatik, Telefonie
	P 5.5	Rechnungswesen, Controlling
	P 5.6	Versicherungswesen
	P 5.7	Prüfmittel, Datenanalyse, statistische Methoden
	P 5.8	UM - Überwachung

53

7. DIGITALISIERUNG DER F.E.E.®-METHODE

Bis anhin wurde alles Theoretische über die F.E.E.®-Methode erklärt. Damit die Dokumentation einfach erstellt, gewartet, weiterentwickelt und geteilt werden kann, bietet es sich an, das Ganze in einer Software abzubilden.

Die F.E.E.®-Methode wurde schon in verschiedenen Qualitätsmanagement-Programmen abgebildet. Eine Möglichkeit bietet zum Beispiel die Umsetzung mittels der Software winF.E.E.®, welche auf die F.E.E.®-Methode zugeschnitten wurde. Doch auch mittels Standardlösungen wie Microsoft SharePoint ist die F.E.E.®-Methode perfekt abbildbar.

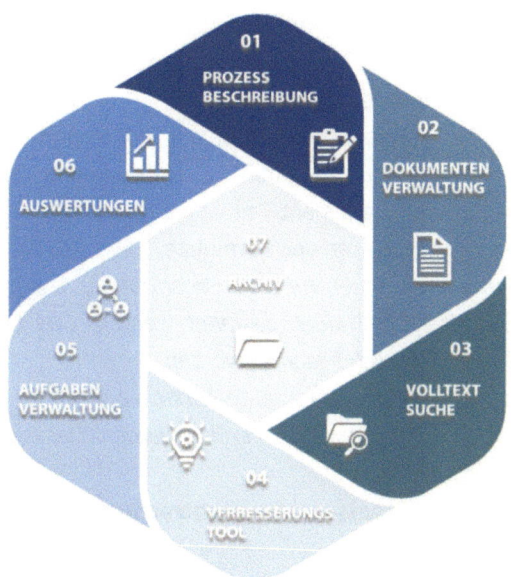

7.1 MANAGEMENTSYSTEM MIT WINF.E.E.®

Die einfache und übersichtliche Software **winF.E.E.®** ist eine Entwicklung der FEE-Consult AG, welche sie auch vertreibt, respektive weiterentwickelt und wartet. Die Software ist einfach im Aufbau, in der Dokumentation, Bedienung und Wartung des Managementsystems.

Natürlich blieb man bei der Entwicklung der Software dem Namen treu: **F**raktal – **E**ffizient – **E**infach.

An dieser Stelle wird die winF.E.E.® nicht im Detail erklärt, sondern nachfolgend nur auf ein paar wesentliche Eigenschaften hingewiesen.

Aufbau des Managementsystems

Für den Aufbau stehen verschiedene Module und Vorlagen zur Verfügung:

a) Prozesslandkarte und automatisch generiertes Inhaltsverzeichnis, bei Wunsch individuell anpassbar

b) Strukturiertes Fraktal als Klammer mit den Verantwortlichen für die verschiedenen Aufgaben in der Ausführung und Terminen, sowie dem Risiko-Management Teil.

c) Vorlagen für Dokumente und Formulare

Die Formulare können für jede Organisation, falls nötig, für jede Abteilung individuell gestaltet werden. Das Corporate Design soll natürlich beachtet werden.

Bereits bestehende Dokumente können einfach in die Software kopiert, integriert oder verlinkt werden. Das erspart Zeit beim Aufbau.

d) Aufgaben- und Verbesserungsmanagement, sowie Auswertungen

Dokumentation des Managementsystems

Das empfohlene Managementsystem ist wie beschrieben in fünf Hauptprozesse aufgebaut. In der Basiskonfiguration erscheint somit die typischen Prozesslandkarte und Inhaltsverzeichnis (siehe vorherige Seiten).

Die Anzahl der Hauptprozesse kann ohne Aufwand einfach erweitert und die Namen angepasst werden. Die winF.E.E.® kann somit an jedes bereits bestehende Managementsystem angepasst werden.

Verwaltung des Managementsystems

Die Berechtigung für die Erstellung von neuen Dokumenten kann innerhalb einer Unternehmung verschiedenen Personen zugewiesen werden.

Es ist hingegen ratsam die Genehmigung von allen Dokumenten auf eine Person oder wenige Personen zu beschränken. Dadurch kann kein Wirrwarr in den Dokumenten entstehen. Es empfiehlt sich deshalb, einen (oder wenige) Managementsystemleiter (MSL) zu ernennen.

Die Rückverfolgbarkeit von Dokumenten wird mit der winF.E.E.® gewährleistet. Neue Dokumente können ohne Aufwand neu hinzugefügt werden. Inhaltsverzeichnisse können schnell aktualisiert werden.

Verbesserungsprozess mit winF.E.E.®

Der kontinuierliche Verbesserungsprozess ist eine Anforderung einer stets lernenden Organisation. Dies kann auf verschiedenen hier nicht beschriebenen Arten geschehen. Die Software winF.E.E.® bietet die Möglichkeit alle internen und externen Kundenreaktion, Verbesserungsvorschläge und mögliche Sofortmaßnahmen zu erfassen, zu analysieren, zu bearbeiten und bis zum Abschluss der Umsetzungen zu verfolgen. Damit gehen keine guten Ideen in einer Organisation verloren oder vergessen.

Des Weiteren kann das Verbesserungstool der winF.E.E.® auch als «Critical Incident Reporting System» (CIRS) eingesetzt werden. Meldungen zu kritischen und unerwünschten Ereignissen, Unfällen oder beinahe Vorfälle können so vertraulich und anonym und unkompliziert an die verantwortlichen Personen übermittelt werden.

Aufgabenmanagement mit winF.E.E.®

In jeder Organisation werden Sitzungen abgehalten. Dabei werden Aufgaben in einem Protokoll festgehalten oder Projekte angeregt und an Mitarbeitende weitergeleitet. Mit dem Aufgabenmanagement der winF.E.E.® werden Protokolle und Themen erfasst und die daraus resultierenden Aufgaben einfach und unkompliziert verwaltet. Zudem kann das Aufgabenmanagement als Kommunikations- und Koordinationstool eingesetzt werden.

Auswertungstool

Mit der winF.E.E.® können Rollen, Verantwortlichkeiten, Tätigkeiten, Prozess-Beschreibungen, -Risiken und -Messgrößen auf einfache Art und Weise ausgewertet werden. Das schafft Transparenz und gibt ein zusätzliches Führungsinstrument in die Hand.

Mit der einzigartigen Prozess-Schnittstellen-Landschaft werden die Verknüpfungen und Zusammenhänge der ausgewählten Prozesse, Dokumente und Formulare einfach visuell dargestellt. Änderungen an den Prozessdokumenten können so einfach und intuitiv nachvollzogen werden.

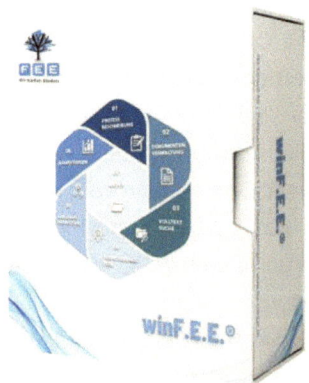

7.2 MANAGEMENTSYSTEM MIT SHAREPOINT

Das Baukastenprinzip von Microsoft SharePoint ermöglicht es individuelle Managementsysteme nach der F.E.E.®-Methode zu entwickeln und mit visuellen Funktionen zu versehen, welche die Arbeit vereinfachen und dazu beitragen, Geschäftsprozesse zu optimieren und die Effizienz erheblich zu steigern.

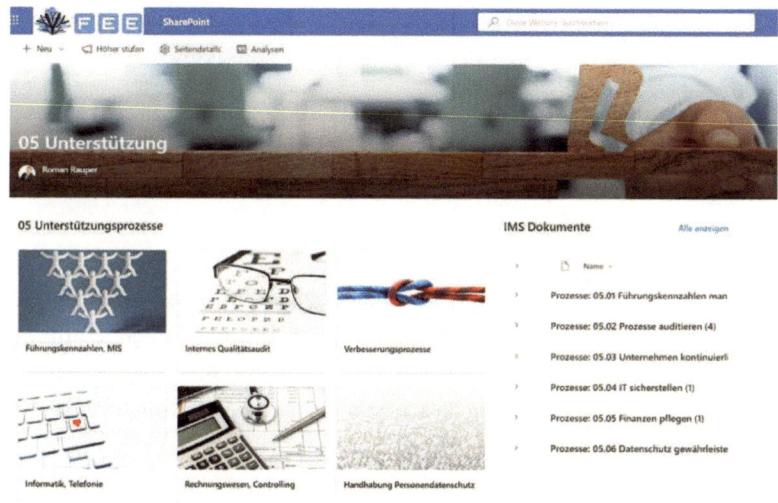

SharePoint bietet viele Vorteile, die es zu einer ausgezeichneten Wahl für den Aufbau eines Managementsystems machen. Anbei sind sechs solcher Vorteile erwähnt:

1. **Zentrale Plattform:** SharePoint ermöglicht die zentrale Speicherung und Verwaltung von Dokumenten und Informationen. Dies erleichtert den Zugriff und die Zusammenarbeit, da alle relevanten Daten an einem Ort verfügbar sind.

2. **Benutzerfreundlichkeit:** Die Plattform ist benutzerfreundlich und kann an die spezifischen Bedürfnisse eines Unternehmens angepasst werden. Dies fördert die Benutzerakzeptanz und verbessert die Produktivität.

3. **Integrierte Funktionen:** SharePoint bietet eine Vielzahl von integrierten Funktionen wie Inhaltsbibliotheken, Freigabeprozesse und Recherchemöglichkeiten, Suchfunktion, Auswertemöglichkeiten, etc. die für ein vollständiges Managementsystem erforderlich sind.

4. **Automatisierung von Workflows:** Mit SharePoint können repetitive und zeitintensive Aufgaben durch automatisierte Workflows vereinfacht werden. Dies reduziert Fehler und steigert die Effizienz.

5. **Sicherheit und Compliance:** SharePoint unterstützt die Einhaltung von Compliance-Vorschriften und bietet robuste Sicherheitsfunktionen, um sensible Daten zu schützen.

6. **Kostengünstig / Lizenzierung im M365-Plan enthalten:** Schon der preiswerteste Microsoft 365 Plan für Unternehmen beinhaltet SharePoint Online, welches für den Aufbau eines effizienten Managementsystems ausreicht.

Es bietet sich an beim SharePoint-Aufbau eines Managementsystems nach der F.E.E.®-Methode mit einem erfahrenen Berater zusammen zu arbeiten und die Anforderungen und Wünsche klar zu definieren.

Sind die Anforderungen geklärt, können SharePoint-Lösungen meist innert weniger Tagen «konfiguriert» werden.

Folgenden Aufbau können wir für ein Managementsystem empfehlen:
- Einstiegsseite mit Prozesslandkarte und weiteren wichtigen Hyperlinks und Informationen
- Prozessseiten (Webseiten oder Wiki-Seiten) um die Hauptprozesse zu visualisieren
- Zentrale Dokumentenbibliothek für die Ablage und Versionierung aller gelenkten Dokumente
- Eingebettete Vorlagen zur einfachen Erstellung der Fraktale, Anweisungen, Formularen und anderen Prozessdokumenten
- Klare Taxonomie im Terminologiespeicher (Termstore) zum Verschlagworten der Inhalte (Dokumente, Webseiten, Listenelemente)

Natürlich kann die SharePoint-Plattform stets mit weiteren Modulen wie Aufgaben- oder Verbesserungsmanagement, Mitarbeiterverzeichnis, Projektmanagement-Suite, Tools fürs Auditmanagement, Reklamationswesen, Vertragsverwaltung, oder Risikomanagement ergänzt und erweitert werden.

8. NUTZEN EINES MANAGEMENTSYSTEMS

Es gibt immer wieder Diskussionen über den Sinn und Nutzen es Managementsystems. Ein Managementsystem muss der Organisation helfen, die Verschwendung von Personal, Zeit, Material, Umweltschäden und Imageverlust zu reduzieren und vermeiden.

Wir haben an vielen Beispielen erlebt, wie ein Managementsystem mithelfen kann, einen Turnaround zu schaffen, eine neue Ära einzuläuten oder eine Nachfolgeregelung nachhaltig zu unterstützen.

Wir kennen aber auch schlechte Beispiele von verbrannter Erde und tiefer Akzeptanz. Oft wurden wir in diesen Fällen gerufen, um die Situation zu analysieren und einen Ausweg aufzeigen.

Gerne wollen wir deshalb zum Thema «Nutzen» mit einer sachlichen Diskussion unseren Beitrag leisten.

8.1 EINFLUSS DER DATENMENGE AUF DEN NUTZEN

Jede Organisation besitzt ohne Managementsystems eine große Dokumentensammlung und viel Wissen in den Köpfen der Mitarbeitenden. Damit hat die Organisation bis heute überlebt.

Auf dem nachfolgenden Bild ist diese Datenmenge mit Nullpunkt auf der Abszisse dargestellt.

Sammelt nun ein Unternehmen das Wissen und dokumentiert diese in einem Managementsystem so nimmt der Nutzen zu, z.B. werden die wichtigen Erfahrungen von austretenden Mitarbeitenden aufgeschrieben und in Checklisten für andere Mitarbeitende zugänglich gemacht. Davon können speziell Neueintretende stark profitieren.

Werden nun immer mehr Abläufe dokumentiert wird ein idealer Zustand erreicht.

Der Nutzen eines Managmentsystems für die Unternehmung

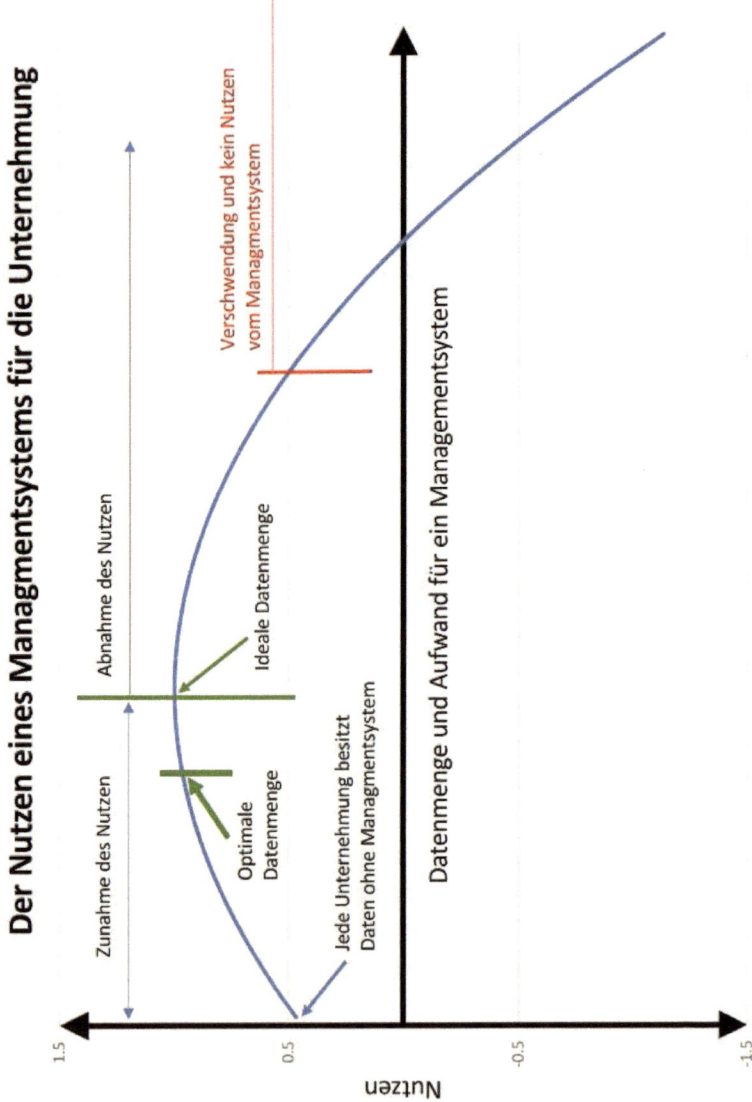

Verschwendung und kein Nutzen vom Managmentsystem

Abnahme des Nutzen

Ideale Datenmenge

Zunahme des Nutzen

Optimale Datenmenge

Jede Unternehmung besitzt Daten ohne Managmentsystem

Datenmenge und Aufwand für ein Managementsystem

Nutzen

1.5

0.5

-0.5

-1.5

64

Diesen idealen Zustand bzw. ideale Datenmenge kann man feststellen, indem Mitarbeiter schnell eingeführt sind, Abläufe klar sind und von allen eingehalten werden, die Produkte und Dienstleistungen den Kunden überzeugen und auch bei Problemen rasch und professionell reagiert wird.

Wird der Aufwand für das Managementsystem nach diesem Idealzustand erhöht, nimmt der Nutzen wieder ab. Im schlimmsten Fall wird der «Papiertiger» zum Ärger aller.

Das zeigt sich, indem die Kreativität der Mitarbeitenden mit Papierkram zu stark eingeschränkt wird, oder niemand mehr die wesentlichen und kritischen Prozesse kennt, da einfach zu viel unnötige Dokumentation besteht.

Es kann gar so weit kommen, dass das Managementsystem überhaupt nichts mehr bringt und die Akzeptanz «unter den Nullpunkt» sinkt. Die Mitarbeitenden reden schlecht über das System, keiner will sich mehr damit identifizieren, geschweige denn es benutzen.

8.2 OPTIMALER ZUSTAND ZUM ZIEL

Ziel ist deshalb den optimalen Zustand im Aufbau und der Verwaltung des Managementsystem zu finden nach dem Motto: «So viel wie nötig, so wenig wie möglich». Hier spielt der kontinuierlicher Verbesserungsprozess eine wichtige Rolle, welcher laufend die Dokumente verbessert und sicherstellt, dass unnötige Dokumente vernichtet werden.

Erfolgsversprechend ist zudem, wenn man den optimalen Nutzen (wie in nachfolgendem Bild) stets vor Augen hat und versucht das Managementsystem danach zu optimieren.

Natürlich empfehlen wir beim Aufbau eines neuen Führungs- und Management Systems auf die F.E.E.®-Methode zurückzugreifen, welche natürlich mit der winF.E.E.® perfekt ergänzt wird. Sich bei der Umsetzung und/oder Verbesserung auch ab und zu von außen beraten zu lassen, kann zudem nie schaden.

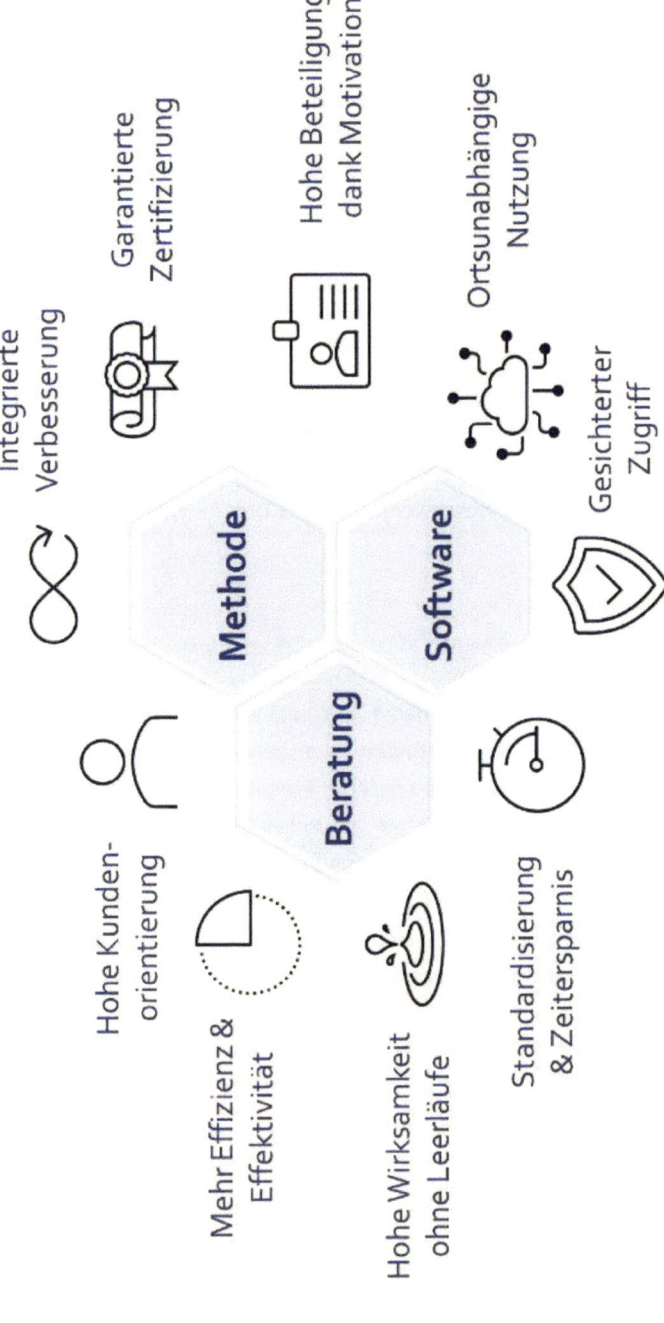

Methode

Software

Beratung

Integrierte Verbesserung

Garantierte Zertifizierung

Hohe Beteiligung dank Motivation

Ortsunabhängige Nutzung

Gesicherter Zugriff

Hohe Kundenorientierung

Mehr Effizienz & Effektivität

Hohe Wirksamkeit ohne Leerläufe

Standardisierung & Zeitersparnis

9. ÜBER DIE AUTOREN

Eugen T. Bühlmann

Eugen T. Bühlmann erlebte seine Kindheit und Jugendzeit in Sempach. Er absolvierte bei der Firma Bell in Kriens die Mechanikerlehre und anschließend das Technikum Luzern (heute HSLU Hochschule Luzern).

Eugen war immer an der Forschung und Entwicklung von Maschinen interessiert. Sein Interesse galt der Physik und Mathematik. So war es naheliegend, dass er bei Gebr. Sulzer AG in der Abteilung für Schwingungen und Akustik eine interessante Anstellung fand. Seinen steten Wissensdrang in diesem Gebiet der Wissenschaft erweiterte er an der Purdue University in West-Lafayette im State Indiana, USA. Während seinem Studium zum M.S.M.E. und PhD arbeitete er an Auspuffsystem von Benzinmotoren bei Herrick-Laboratories, welches damals führend auf den Gebieten der Lärmbekämpfung an Maschinen und Motoren war. Mit den ersten Computerprogrammen simulierte er in den 70er Jahren die Schallausbreitung in Schalldämpfern und Rohren.

Nach seinem Studium kehrte Eugen zur Firma Gebr. Sulzer zurück und analysierte Schwingungen und Lärm an Pumpen, Kesseln, Webmaschinen, Papiermaschinen, Kompressoren und Gasturbinen. Das Ziel dieser Studien war immer die Reduktion der Schwingungen und Lärm und damit auch der dynamischen Spannungen.

Eugens Interessen galten auch immer der technischen Entwicklung von Afrika. Deshalb lehrte er drei Jahre Maschinenbau an der University of Dar-es-Salaam. Die Zeit in Afrika beeinflusst seine Weltanschauung bis heute.

Nach Afrika leitet Eugen sieben Jahre die Abteilung Schwingungen und Akustik bei der Firma Sulzer AG und weitere sieben Jahre die Forschungsabteilung der Firma Gema-Volstatic AG in Winkeln St. Gallen.

Seit 1998 ist Eugen ein Partner der Firma FEE-Consult AG. Er führte in verschiedenen Instituten, Verwaltungen und in KMU's das F.E.E.®-Managementsystem ein. Das Ziel in diesen Organisationen war die Einführung und Pflege eines einfachen Führungssystems zur Vermeidung von

Leerläufen. Auch galt der Fokus stets der Fehlervermeidung und dem Aufbau einer selbstregulierenden Organisation.

Eugen liebte und pflegte den mehrjährigen Kontakt zu seinen Kunden. Die F.E.E.®-Methode ist seine Passion und Ansatz zur Bewältigung von technischen, organisatorischen und zwischenmenschlichen Problemen. Heute ist Eugen in Rente und freut sich an seinen guten Kontakten zu seinen fünf Kindern und seinen Enkeln.

Paul N. Burch

Paul N. Burch ist in seiner Heimatgemeinde Sarnen OW aufgewachsen. Die Mittelschule schloss er mit einer Matura A in Sarnen ab.

Sein beruflicher Werdegang führte ihn an die Universität Zürich, wo er 1976 sein Studium Betriebswirtschaft erfolgreich mit dem Lizentiat abschloss.

In dieser Zeit hat Paul auch seine militärischen Pflichten wahrgenommen als Oblt der Festungsartillerie.

Vom Werkstudenten (1970) bis zum Direktor arbeitete er bei der Firma S. Kisling & Cie AG. Zuletzt hatte er als Finanzchef auch alle rückwärtigen Dienste unter sich. Nach der Übernahme der Firma durch die deutsche Würth Gruppe übernahm Paul als Direktor zusätzlich ein Profit Center im Bereich Projektierung und Exklusivverkauf von hochwertigen Metallprofilen für Fenster- und Fassadenbau (Wicona®).

Mit 40 Jahren entschloss sich Paul selbst Unternehmer zu werden. Er gründete 1990 seine eigene Firma, die PNB Unternehmensberatung. 1995 war er Mitbegründer der FEE-Consult AG, welche sich als Beratungsfirma auf wirkungsvolle Managementsysteme spezialisiert hat. Die FEE-Consult AG baut auf einem Netzwerk von Franchisepartner auf, welche alle das Ziel haben, die F.E.E.®-Methode in Ihrem Marktbereich bekannter zu machen.

Noch immer ist Paul als Verwaltungsratspräsident der FEE-Consult AG aktiv und überzeugt Unternehmer und Führungskräfte mit großer Überzeugung und Leidenschaft von der F.E.E.®-Methode.

Natürlich liegt Paul auch die Wissensweitergabe am Herzen. Er ist aktiver Promoter im FEE-Partnernetzwerk und unterstützt neue Partner der FEE-Consult AG beim Einstieg in die Selbstständigkeit.

Roman Rauper

Roman Rauper wuchs am Flughafen Zürich auf, genauer gesagt in Oberglatt. Er war in seiner Jugend aktiver Judoka und stets fasziniert vom technologischen Fortschritt und fremden Kulturen, ganz besonders Japan.

Nach seiner Lehre als Elektroniker bei Studer Revox und einem Studium zum Ingenieur der Elektrotechnik in Rapperswil, nahm er 1998 ein einjähriges Auslandspraktikum als Quality Engineer bei der Schindler Elevator Japan an. Aus einem Jahr wurden deren acht, wobei Roman schon bald wichtige Projekte und Produkteinführungen leitete. Schon im zweiten Jahr bei Schindler verantwortete er ein kleines Team der Qualitätssicherung und des Reklamationswesens. Bald darauf übernahm er die komplette Qualitätsabteilung der damals über 300 Mitarbeiter umfassenden Ländergesellschaft in Japan.

Nach seinem Wechsel zu Forbo Movement Systems (damals noch Forbo-Siegling), übernahm Roman mit knapp 30 Jahren die Position als Vice-President Operations der Asien-Pazifik-Region und war verantwortlich für alle Produktionsstandorte auf den Kontinenten Asien und Australien, sowie den regionalen R&D- und TQPM-Teams (Total Quality & Process Management). Roman war zudem stark involviert in die Umsetzung der «One virtual Company» Strategie und der Einführung von SAP in den Ländergesellschaften.

Bei seiner Rückkehr in die Schweiz übernahm Roman die Service-Organisation der Advanced Digital Broadcast und verdoppelte den Umsatz seiner Division schon im ersten Jahr. Seine letzte Station vor seiner Selbstständigkeit führte ihn zu Oerlikon Balzers, wo er als Head of Business Excellence direkt dem CEO unterstellt war und businesskritische Projekte sowie weltweite Effizienzsteigerungs- und Kostensenkungsinitiativen in über 30 Ländergesellschaften verantwortete.

Seit 2011 ist Roman Inhaber der industrie consulting anstalt und arbeitet als C-Level Interim Manager, wie auch als Unternehmensberater im Bereich Strategieentwicklung und Business Excellence.

Mit seinem Motto «Zupacken bei echten Problemen» übernimmt er als Interim Manager Führungsverantwortung in stürmischen Zeiten. Auch übernimmt er gerne die Leitung von unternehmenskritischen Projekten, von der Konzeption bis zur Umsetzung.

Roman bereitet es große Freude sein Wissen zu teilen und gemeinsam neue Wege anzudenken. So agiert er als Coach von Führungskräften und Start-ups, zudem berät er Firmen bei der Strategieentwicklung und Umsetzung, beim Konzeptionieren von notwendigen Veränderungen, sowie bei jeglichen Themen im Bereich Qualitätsmanagement und Business Excellence.

Roman kennt die Herausforderungen bei der Umsetzung von Managementsysteme in KMU's wie auch in global tätigen Unternehmen sehr gut. Die F.E.E.®-Methode lernte er – laut seinen Aussagen – leider viel zu spät kennen. Heute ist er ein enthusiastischer Fürsprecher.